शिशु पालन

डॉ. शिवारंजनी संतोष

एम. डी., बाल रोग विशेषज्ञ (JIPMER)

हिन्दी अनुवाद : बी.बी. सिन्हा

प्रकाशक
यूनीकॉर्न बुक्स

F-2/16, अंसारी रोड़, दरियागंज, नई दिल्ली-110002
23275434, 23262683ए 23250704 • 011-23257790
ई-मेल: info@unicornbooks.in • वेबसाइट: www.unicornbooks.in

शाखा : मुम्बई

23-25, जाओबा वाड़ी, ठाकुरद्वार, मुम्बई-400002
022-22010941, 022-22053387
ई-मेल: rapidex@bom5.vsnl.net.in

ISBN: 978-81-7806-387-4

संस्करण : 2016

मुद्रक: परम ऑफसेटर्स, ओखला, नई दिल्ली-110020

भूमिका 05

भाग–1

1. स्तनपान 17
2. गाय-भैंस या डिब्बे का दूध पिलाना 31
3. बच्चे को दूध के अतिरिक्त अन्य ठोस पदार्थ खिलाने की शुरूआत . 36
4. पाचनक्रिया तथा मल निष्कासन 39
5. शिशु के शरीर का विकास 42
6. रोना तथा दर्द महसूस करना 46
7. नींद 48
8. बच्चे का पहनावा तथा शरीर के तापमान का नियंत्रण 51
9. त्वचा, सिर का ऊपरी भाग तथा सिर के ऊपर के केश 54
10. बच्चे को पहनाने वाले डायपर से त्वचा पर दाने आना 58
11. शिशु को स्नान कराना 59
12. शिशु का सिर 63
13. शिशु के मुँह की देखभाल 65
14. नाक और कान 67
15. आँखें 69
16. नाभि 71
17. छाती/सीना तथा योनिमार्ग 72
18. यात्रा करना-- नवजात बच्चे को लेकर 74
19. टीकाकरण 75
20. दुर्घटना से बचाव 82
21. अन्य बातें 84

भाग–2

22. खाना, पीना, पाचन तथा मल निष्कासन 93
23. शरीर का विकास 104
24. निद्रा 114
25. दांतों का निकलना 118
26. मुँह 121
27. आँख, नाक, कान 122
28. त्वचा, सिर, केश 126
29. योनि अंग 129
30. पेशाब करने, मल निष्कासन की आदत डालना 130
31. संक्रमण, बुखार, आदि 134
32. ऐलर्जी तथा अस्थमा/दमा 139
33. दुर्घटना से बचाव 142
34. प्राथमिक उपचार तथा आपातकालीन स्थिति 144
35. व्यवहार, अनुशासन, आदत तथा मानसिकता की समस्याएँ 154
36. शिशु देखरेख केंद्र, स्कूल, तथा पढ़ने में होने वाली समस्याएं 160
37. बच्चा गोद लेना 162
38. अन्य बातें 163
39. बाल-शोषण 166
40. परिशिष्ट 1-10 167

भूमिका

शिशु की देखभाल आपके गर्भ धारण के पहले ही शुरू हो जाती है। सबसे अहम बात तो यह है कि आपको शारीरिक एवम् मानसिक रूप से गर्भधारण के लिए पहले तैयार होना चाहिए। नवजात शिशु की देखभाल एक गंभीर तथा तनावपूर्ण विषय होता है क्योंकि शिशु के जन्म के ठीक बाद आपको निश्चिंत होकर पर्याप्त सोने को नहीं मिलता तथा बाद में बच्चे की देखभाल के लिए आपको पूरा समय और शारीरिक क्षमता चाहिए। फिर भी पड़ने वाले बोझ तथा तनाव को छोड़कर सोचें तो मातृत्व एक अत्यंत सुखद एहसास है।

अब आपको बताना चाहूंगी कि गर्भ–धारण की क्या प्रक्रिया होती है। गर्भाशय के दोनों तरफ एक–एक अंडकोष होता है जिसके अंदर हरेक माह अण्डे का निर्माण होता है। लड़कियों में माहवारी की प्राकृतिक प्रक्रिया शुरू होने की उम्र से लेकर उम्र ढ़लने पर माहवारी बंद होने तक अण्डे के निर्माण की प्रक्रिया चलती है।

निर्मित अण्डे फैलोपियन नली से होते हुए गर्भाशय तक आते हैं। संभोग के समय मर्द की योनि से निकलने वाले लाखों–करोड़ों सूक्ष्म शुक्राणु फैलोपियन नली में गर्भाशय की तरफ आने वाले अण्डे के संपर्क में आते हैं। अगर एक शुक्राणु और एक अण्डे का मिलन फैलोपियन नली में हो जाए तो गर्भधारण की संभावना हो जाती है। ये शुक्राणु योनि मार्ग से होते हुए गर्भाशय से बढ़ते हुए फैलोपियन नली तक पहुँचते हैं। अगर गर्भधारण नहीं होता है तो अंडा गर्भाशय से होने वाले मासिक रक्तस्राव के साथ शरीर से बाहर निकल जाता है। इस रक्तस्राव की प्रक्रिया को मासिक धर्म कहते हैं। गर्भ धारण होने पर अंडा गर्भाशय में आकर गर्भ की दीवार से लग कर स्थापित हो जाता है। वहां पर शिशु के शरीर का क्रमश: विकास होने लगता है। विकास की प्रक्रिया नौ महीने चलती है, फिर बच्चे का जन्म होता है।

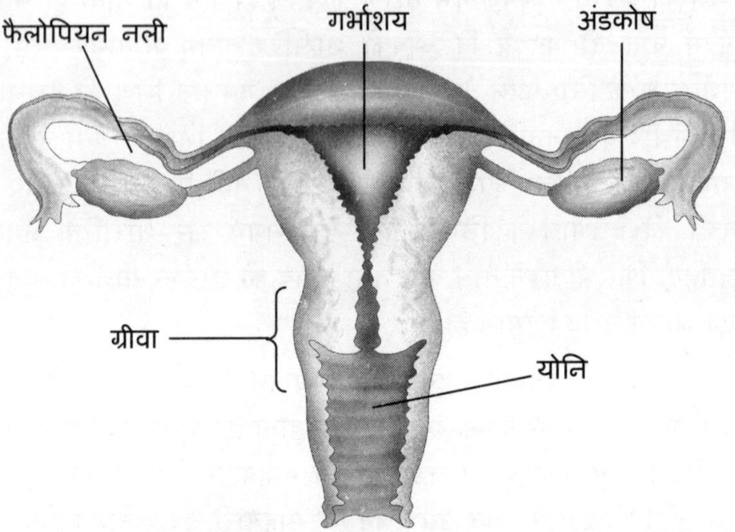

चित्र 1 : स्त्री प्रजनन अंग

आपके जिज्ञासा पूर्ण प्रश्न और मेरे उत्तर

अगर दम्पत्ति बच्चा पैदा करना चाहें तो गर्भधारण के लिए उनके संभोग करने का सही समय क्या है?

प्रत्येक माह औरत को मासिक धर्म होता है। दो मासिक धर्म के बीच साधारणतया 28 दिनों का अन्तर होता है। इस समय में अंडा बनने तथा फैलोपियन नली से होकर गर्भाशय की तरफ बढ़ने की प्रक्रिया होती है। इसी अवधि के मध्यकाल में अर्थात् अगले मासिक धर्म होने के दिन से 14 दिन पहले का दिन गर्भधारण के लिए संभोग करने का सर्वोत्तम अवसर होता है।

उदाहरण के लिए अगर एक स्त्री अपना मासिक धर्म 15 नवम्बर को उम्मीद कर रही है तो उसका अंडा 1 नवम्बर को अंडकोष से निकलेगा इसलिए वह समय संभोग के लिए उत्तम है।

अगर मासिक धर्म निश्चित समय पर नहीं होता हो, तो अंडा बनने तथा फैलोपियन नली से होकर गुजरने के समय का अनुमान लगाना कठिन होता है। परन्तु अंडा बनने की प्रक्रिया के दौरान योनि से द्रव्य स्राव बढ़ जाता है, तथा शरीर का तापमान सामान्य से अधिक हो जाता है। मासिक धर्म अनियमित होने की अवस्था में उपर्युक्त स्थिति से अंडा बनने की प्रक्रिया की शुरूआत होने का इशारा मिल जाता है।

नवजात शिशु का गर्भाशय में लिंग किस तरह निर्धारित होता है?

स्त्री के अंग में X- X क्रोमोसोम की जोड़ी होती है जबकि पुरुष में X-Y क्रोमोसोम की जोड़ी होती है। इसलिए जब स्त्री के अण्डे का जिसमें केवल X क्रोमोसोम होते हैं, पुरुष के X क्रोमोसोम वाले शुक्राणु से संयोग होता है तो X-X से लड़की के रूप में लिंग निर्धारित होता है। परन्तु औरत के X क्रोमोसोम वाले अण्डे का पुरुष के Y क्रोमोसोम वाले शुक्राणु से संयोग होने पर लड़के के रूप में X-Y के कारण लिंग निर्धारित होता है। अत: लड़की या लड़के का जन्म होना स्त्री के नहीं वरन् पुरुष के ऊपर निर्भर होता है। दोनों स्थितियों में स्त्री का एक समान योगदान होता है। लड़का या लड़की होने की जिम्मेदारी केवल पुरुष की होती है।

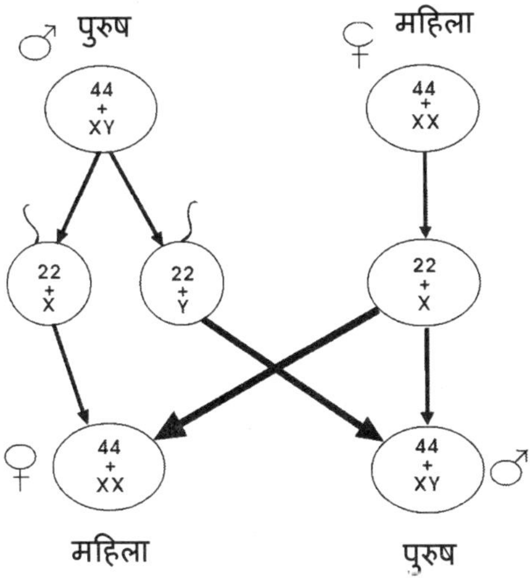

चित्र 2 : नवजात शिशु का गर्भाशय में लिंग निर्धारित

गर्भाशय में शिशु भ्रूण का विकास किस प्रकार होता है?

स्त्री के अण्डे तथा पुरुष के शुक्राणु के संयोग से जाइगोट (zygote) बनता है, जो फैलोपियन नली से होकर गर्भाशय की दीवार से चिपक जाता है। वहां पर जाइगोट की कोशिकाओं का विभाजन होकर संख्या में वृद्धि होती रहती है। इन्हीं कोशिकाओं के अंदर निर्धारित कोड से शरीर के विभिन्न अंगों का निर्माण होता है। सिर की जगह पर सिर, हाथ की जगह पर हाथ, आदि का निर्माण अलग-अलग कोड के अनुसार होता है। भ्रूण स्त्री के गर्भाशय से खून की नलिका के द्वारा जुड़ा रहता है जिसे बच्चे की नाल कहते हैं तथा जो गर्भाशय के प्लेसेंटा (Placenta) से जुड़ा रहता है। शिशु का सारा पोषण इस नाल के द्वारा प्लेसेंटा से आता है। जब शिशु का जन्म हो जाता है तो उसकी नाभि से लगी नलिका को नाभि से दो इंच ऊपर से काटकर अलग कर दिया जाता है। बाकी नलिका का हिस्सा प्लेसेंटा के साथ गर्भाशय से स्वाभाविक प्रक्रिया में बाहर निकल जाता है। शिशु की नाभि के ऊपर काट दी गई नलिका कुछ दिनों में स्वत: सूख जाती है।

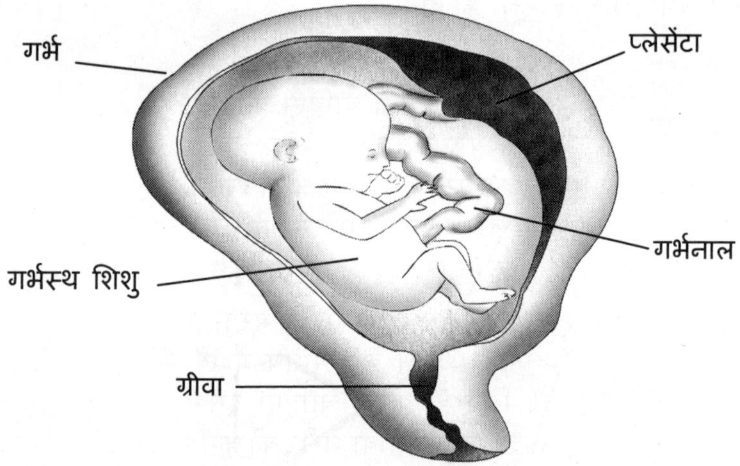

चित्र 3 : गर्भाशय में शिशु का विकास

मैं अपने प्रथम बच्चे को जन्म देना चाहती हूं। यह कैसे सुनिश्चित करूं कि गर्भाशय में बच्चे का अच्छी तरह विकास हो?

ऐसी बहुत सी सावधानियां बरतनी होती हैं—गर्भ धारण के पहले, तथा बाद में भी। इन बातों को विस्तार से समझाने के पहले मैं कुछ मूलभूत

बातें बताना चाहूंगी। जैसे—गर्भाशय में भ्रूण का विकास कैसे होता है। भ्रूण का निर्माण शुरू होता है केवल एक कोशिका से। इसी एक मातृ कोशिका से संपूर्ण शिशु के शरीर का निर्माण होता है। कुछ ही सप्ताहों में भ्रूण में सभी अंगों – दिल, दिमाग, आँखें, कान, नाक, आदि का निश्चित स्थान पर विकास हो जाता है। इसमें अंतिम मासिक धर्म के दिन से लेकर दस सप्ताह का समय लगता है। इस अवधि के दौरान किसी भी प्रकार की गड़बड़ी होने से शिशु के शरीर में बहुत बड़ा दोष या कमी हो जाती है।

भ्रूण के स्वस्थ विकास के लिए कुछ निर्देशों का पालन करें, जैसे:—

- गर्भधारण के बाद दस सप्ताह के अंदर स्त्री के शरीर में विटामिन, फॉलिक एसिड की कमी से गर्भाशय में पल रहे शिशु के मानसिक विकास तथा रीढ़ की हड्डी के निर्माण में गड़बड़ी पैदा होती है। अत: इस अवधि के दौरान गर्भवती स्त्री को भरपूर मात्रा में हरी सब्जियाँ खाना चाहिए। अच्छा होगा कि गर्भधारण के पहले से ही हरी पत्तियों वाली सब्जी का सेवन शुरू कर दें। इसके अतिरिक्त डॉक्टर द्वारा सुझाया गया फॉलिक एसिड का टैबलेट भी रोजाना लेना चाहिए।
- गर्भ धारण से पहले से ही स्त्री के खून में भरपूर मात्रा में लाल कण, हीमोग्लोबिन, होना चाहिए। हीमोग्लोबिन के लिए लोहे के कण की आवश्यकता होती है। अत: हीमोग्लोबिन के निर्माण के लिए शरीर को भरपूर मात्रा में लोहा विटामिन के रूप में चाहिए। हरी पत्तियों वाली सब्जी खाने से भी शरीर को लोहा मिलता है, तथा खून में हीमोग्लोबिन की मात्रा बढ़ती है।
- इसके अतिरिक्त गर्भवती स्त्री को भरपूर मात्रा में कैल्शियम की जरूरत होती है। शिशु के गर्भाशय में विकास के लिए हड्डी के निर्माण के लिए कैल्शियम चाहिए। इसका स्रोत होता है दूध, अण्डा, आदि। इसके अलावा शरीर को कम से कम 10 मिनट तक रोजाना धूप मिले। धूप के सेवन से शरीर की त्वचा में विटामिन 'डी' का निर्माण होता है। यह विटामिन हड्डी को कैल्शियम सोखने में मदद करता है। इसकी कमी के कारण दूध, अण्डे आदि कैल्शियम से भरपूर भोजन लेने से भी हड्डी में कैल्शियम जमा नहीं हो पाता है। गर्भाशय में बच्चे के शरीर का सबसे अधिक विकास आठवें तथा नौवें महीने में होता है। अत: इन दो महीनों में भरपूर

कैल्शियम की जरूरत होती है जिससे बच्चे के शरीर की हड्डियों को मजबूती प्राप्त हो सके।

- गर्भवती स्त्री को ज्यादा भोजन करने की जरूरत होती है, क्योंकि उसके साथ–साथ गर्भाशय में पल रहे बच्चे को भी पोषण की जरूरत होती है। गर्भाशय में पल रहे बच्चे को अलग से प्रतिदिन 300 कैलोरी पोषण की जरूरत होती है। गर्भवती स्त्री को भरपूर मात्रा में अनाज, दाल, मांस, अण्डे, दूध, हरी सब्जियाँ भोजन में लेना चाहिए।
- गर्भवती स्त्री को किसी भी प्रकार के रोगाणु के संक्रमण से बचना चाहिए। यह सावधानी पहले तीन महीनों में अत्यंत आवश्यक है। अपने आपको स्वस्थ रखें और नियमित रूप से हाथ धोते रहें। अनावश्यक दवाओं का सेवन नहीं करना चाहिए। एक्स–रे, सी.टी. स्कैन, आदि नहीं होना चाहिए, क्योंकि इसके रेडिएशन से भ्रूण को हानि होने का खतरा होता है।
- बहुत भीड़-भाड़ वाली जगह न जाएं। बीमार व्यक्ति से दूर रहें जैसे किसी को बुखार, खांसी, जुकाम हो, किसी को कोई दाना निकला हो तो सावधानी बरतें। बहुत गर्म और ठंडी जगह से बचें। बहुत गर्म पानी से न नहाएं। शराब, सिगरेट, नशीले पदार्थों का सेवन कभी न करें।
- नियमित रूप से गर्भवती स्त्री के खून या अन्य जरूरी जांच होनी चाहिए। इससे पता चलता है कि उसे किसी प्रकार का संक्रमण तो नहीं है।
- कोई भी संक्रमण बीमारी शिशु को, गर्भावस्था तथा जन्म के बाद भी, माँ से आ सकती है।
- उच्च रक्तचाप, शुगर तथा थायराइड की बीमारी भ्रूण के लिए हानिकारक हो सकते हैं। नियमित जांच से इन समस्याओं पर नजर रखना, तथा गड़बड़ी होने पर इलाज कराना चाहिए।
- नियमित अंतराल पर डॉक्टर की देखरेख में गर्भाशय की अल्ट्रासाउंड जांच कराना चाहिए। इससे भ्रूण में गड़बड़ी का पता चल जाता है।

- आवश्यकतानुसार आराम करना चाहिए। खुश रहें और उत्साह से भरपूर जिंदगी जिएं। इन सब से शिशु का विकास अच्छा होता है।

जुड़वां बच्चों के जन्म का क्या कारण होता है?

कभी–कभी स्त्री के अण्डे तथा पुरुष के शुक्राणु के संयोग से बना जाइगोट (zygote) दो भागों में टूट जाता है तथा दोनों भाग अलग–अलग भ्रूण के रूप में गर्भाशय में स्थापित हो जाते हैं। इस प्रकार दो शिशुओं अर्थात् जुड़वां बच्चों का जन्म होता है। एक ही जाइगोट के दो टुकड़ों से जन्में जुड़वां एक ही लिंग के होते है—अर्थात् X–X के संयोग से बने जाइगोट से दोनों लड़कियाँ, तथा X – Y के संयोग से बने जाइगोट से दोनों लड़के। इन लड़के या लड़कियों का रंग–रूप एक समान होता है। परन्तु कभी–कभी एक नहीं दो अण्डों का दो शुक्राणुओं से संयोग हो जाता है, तथा दो अलग–अलग जाइगोट या तो X – X या X – Y से निर्मित होते हैं। इस प्रकार दो अलग–अलग रंग रूप के लड़के या लड़कियाँ अथवा एक लड़का और एक लड़की जुड़वां के रूप में जन्म लेते हैं।

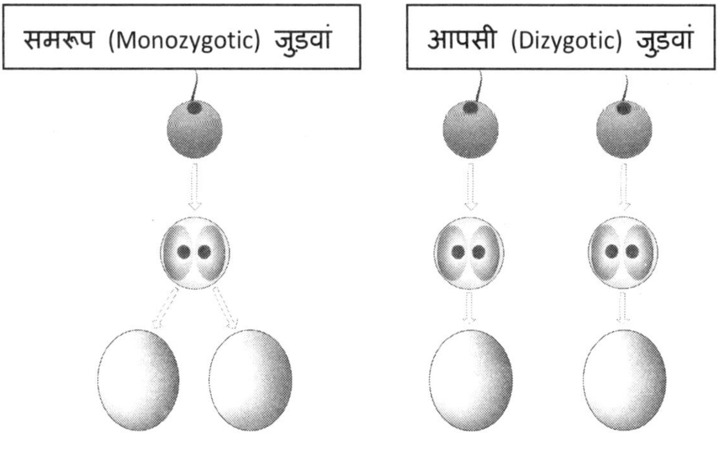

चित्र 4: जुड़वां बच्चों का जन्म

मैं पहले गर्भ धारण की योजना बना रही हूं। लेकिन मेरे पिता को ऐसी बीमारी है जिसमें उनके घुटनों के जोड़ से रक्तस्राव होता है। डॉक्टर का कहना है कि उन्हें हीमोफिलिया की बीमारी है अर्थात् आनुवंशिक दोष के कारण उनके खून में थक्का बनाने वाले गुण में दोष होता है। अगर शरीर कहीं कट जाए तो रक्तस्राव रुकता नहीं है तथा खून बहने से मृत्यु तक हो

सकती है। क्या इस आनुवंशिक दोष से मेरा आने वाला बच्चा भी ग्रसित हो सकता है? हालांकि हमें यह बीमारी नहीं है।

आपके होने वाले शिशु में यह बीमारी हो सकती है अथवा उससे उसके होने वाले बच्चे में भी हो सकती है। अर्थात् एक पीढ़ी को छोड़कर अगली पीढ़ी में। इस तरह की कोई भी बीमारी यदि परिवार में हो तो गर्भ धारण से पहले किसी विशेषज्ञ से अवश्य मिलें।

ऐसा कहा जाता है कि नजदीकी संबंध वाले परिवारों/सदस्यों के साथ शादी नहीं होनी चाहिए। क्यों?

कुछ खास प्रकार की घातक बीमारियां अक्सर उन बच्चों में हो जाती हैं, जिनके माता–पिता के परिवारों में नजदीकी संबंध हो।

मैंने विदेशों में 'शिशु जन्म केंद्र' के बारे में पढ़ा है। क्या हमारे देश में भी अस्पताल यह व्यवस्था प्रदान करते हैं?

विदेशों में इस तरह की सेवा उपलब्ध है। क्रैडल नाम से जन्म केंद्र चलाए जाते हैं। इसका उद्देश्य घर जैसे माहौल में गर्भवती महिला को रखना होता है जहां देखभाल करने वाले प्रशिक्षक द्वारा साफ–सफाई का ख्याल रखने के अलावा बच्चा जन्म देने से पहले के समय तथा जन्म के बाद के समय में सावधानियों के बारे में बताया जाता है। साथ ही साथ यहां जरूरत पड़ने पर उपयुक्त चिकित्सा व्यवस्था भी उपलब्ध होती है। इन केंद्रों के घर जैसे वातावरण में माँ पूरी तरह से तनाव रहित होती है और जन्म से पहले नौ महीने, जन्म की प्रक्रिया तथा जन्म के बाद भी शिशु को आराम से संभाल लेती है। आजकल हमारे देश के कुछ बड़े शहरों में यह व्यवस्था शुरू हुई है जो काफी सफल हो रही है।

■■■

बच्चे के जन्म लेने के पहले ही निम्नलिखित व्यवस्था कर लेनी चाहिए—

- शिशु को ढंकने के लिए कंबल
- शिशु को सुलाने के लिए गद्दा
- शिशु के लिए तौलिया
- डायपर्स– बिना किसी दवाई या खुशबू के
- शरीर पोंछने के लिए वाइप्स (Wipes) — बिना किसी दवाई या खुशबू के
- सूती कपड़ों के टुकड़े
- नहलाने के लिए स्पंज
- शिशु ऑयल
- रुई और गॉज (gauze), पैड बनाने के लिए
- शिशु के लिए धुले हुए कपड़े
- मौसम के अनुसार गर्म कपड़े
- मच्छरदानी
- शिशु के जन्म के पश्चात् माँ अपने पहनने के लिए स्वयं कपड़े खरीदे जिनमें वह शिशु को आराम से स्तनपान करा सके।

भाग–1

नवजात शिशु के पहले छः महीने

1

स्तनपान

केवल माँ का ही दूध पिलाना नवजात शिशु के लिए हर प्रकार से श्रेयस्कर होता है।

ज्यादातर माताएं शीघ्र ही बोतल का दूध पिलाना शुरू कर देती हैं। उनका कहना होता है कि उनके स्तन से आवश्यकता के अनुरूप दूध नहीं निकलता है। यह भ्रमित करने वाली बात है। बशर्ते माँ पूरी तरह से, खुशी से, अपने शिशु को स्तनपान कराना चाहती हो। जब नवजात माँ के स्तन को चूसता है तब माँ के मस्तिष्क में खास प्रकार के हॉरमोन पैदा होते हैं जो स्तन में दूध उत्पादन बढ़ाते हैं। इनमें से एक प्रकार का हॉरमोन स्त्री के गर्भाशय के आकार को फिर से पहले जैसा घटाने में मदद करता है और माँ को खुशी तथा संतुष्टि मिलती है। शिशु को भरपूर स्तनपान कराने से न केवल उसे सबसे उत्तम पौष्टिक आहार मिलता है बल्कि यह माँ-शिशु के आपसी संबंध और प्रगाढ़ भी बनाता है।

स्तनपान कराने की अवधि में माँ का भोजन कैसा होना चाहिए?

माँ को रोजाना अपने सामान्य कैलोरी से 500 कैलोरी अधिक देने वाला भोजन करना चाहिए। भोजन में दूध की मात्रा अधिक होनी चाहिए। इसके अलावा भरपूर मात्रा में जूस, मक्खन आदि, तथा प्रोटीन के लिए दाल, चिकन, अंडा, आदि खाने चाहिए। डॉक्टर कैल्शियम, लोहा, विटामिन आदि के टैबलेट लेने को कह सकते हैं।

आपको अपने नवजात के साथ रोजाना धूप में बैठना चाहिए जिससे आपको हड्डी में कैल्शियम जमा होने में मदद देने वाला विटामिन 'डी' मिल सके। विटामिन 'डी' भोजन के किसी पदार्थ से नहीं मिलता है, वरन् धूप के सेवन से शरीर की त्वचा में इसका निर्माण होता है।

कुछ प्रकार की भोजन सामग्री जैसे—नट्स, मटर, अण्डा, दूध, सोयाबीन, मछली, यहां तक कि गेहूं भी माँ के खाने से स्तन का दूध बच्चे में कभी–कभी ऐलर्जी का कारण बन सकता है। जिसके कारण नवजात को त्वचा पर दाने, कफ, सांस लेने में कठिनाई, उल्टी, दस्त, मल में खून आने, बच्चे के पेट दर्द के कारण लगातार रोने की शिकायत हो सकती है।

यहां पर मैं नवजात में आंत (colic) के बारे में कुछ बताना चाहूंगी।

- इसके कारण नवजात अक्सर दिन ढ़लने पर पेट दर्द के चलते लगातार रोना शुरू कर देता है। इसके कारण घर के लोग बच्चे को लेकर अत्यंत चिंतित हो जाते हैं। बच्चे को दूध पीने के बाद डकार नहीं आने से बच्चे के पेट में तकलीफ बढ़ जाती है। इस परिस्थिति में माँ को ऐलर्जी कारक भोजन सामग्री से परहेज करना चाहिए। बच्चे को डकार लेने के लिए उसे कंधे पर लगा कर पीठ सहलानी चाहिए।

इस समस्या पर इस पुस्तक के बाद के अध्याय में विस्तृत चर्चा की गई है।

क्या मुझे दवा खाने से परहेज करना चाहिए? नवजात को हानिकारक रसायनों से कैसे बचाएं?

स्तनपान कराने के दौरान कुछ थायराइड तथा कैंसर की दवाएं नहीं लेनी चाहिए। कुछ प्रकार की दवाएं जैसे ऐंटिबायोटिक भी स्तनपान की वजह से नवजात को दस्त की बीमारी से ग्रसित कर सकती हैं। अत: इन हालात में डॉक्टर की सलाह लेनी चाहिए।

कुछ कीटनाशक रसायन जिनका छिड़काव सब्जियों तथा फलों पर किया जाता है, अथवा आपके वस्त्र को रंगने के लिए इस्तेमाल किया जाने वाला 'डाई' आपके शरीर में पहुँच सकता है, जिसके कारण स्तन पान कराने वाले दूध में आने से यह नवजात के शरीर में जा सकता है। इसी तरह पीने वाले पानी में घुले हुए हानिकारक रसायन भी नवजात के शरीर में जा सकते हैं। अत: इन सब से सावधानियां बरतने की जरूरत है।

नवजात शिशु के लिए सर्वोत्तम आहार क्या है? क्यों?

माँ के स्तन का दूध सर्वोत्तम आहार है। इसमें सभी आवश्यक पोषण होते हैं तथा इसमें शिशु के शरीर में बीमारियों से लड़ने के लिए प्रतिरोधक क्षमता मजबूत करने की शक्ति होती है। बच्चे के जन्म लेने के बाद के पहले तीन–चार दिन में जो दूध स्तन से निकलता है उसे कोलस्ट्रम कहते है। इसका रंग पीला होता है तथा इसमें बच्चे के शरीर में बीमारियों से लड़ने की प्रतिरोधक क्षमता विकसित करने के गुण होते हैं। इस प्रकार पहले 3-4 दिनों तक शिशु को भरपूर स्तन पान कराना अति आवश्यक है।

माँ का दूध साफ, मिलावट रहित, सुरक्षित और उचित तापमान पर बच्चे को मिलता है। माँ का दूध शिशु के दिमाग और मानसिक क्षमता को बढ़ाता है। स्तनपान कराए गए बच्चे बड़े होकर मोटापे के कम शिकार होते हैं। स्तन पान कराए गए शिशु बड़े होने पर स्वस्थ तथा निरोगी होते हैं।

आम तौर पर नवजात को रात में गाय का दूध पिला देते हैं जिसके कारण बच्चा देर तक सोता रहता है क्योंकि यह देरी से पचता है, अत: बच्चे को देर से दुबारा भूख लगती है, यह गलत है।

स्तनपान कराने से बच्चा चुस्त और होशियार होगा जबकि गाय का दूध पीने वाला बच्चा वज़नी और सुस्त हो सकता है।

स्तन के दूध में कुछ ऐसे तत्त्व होते हैं जो नवजात के मस्तिष्क के विकास में सहायक होते हैं।

एक अन्य लाभ है कि स्तनपान कराने के दौरान स्वाभाविक रूप से दुबारा गर्भ धारण होने की संभावना कम होती है तथा स्तन के कैंसर होने की संभावना भी कम होती है।

यह धारणा कि स्तनपान कराने से माँ का शरीर बेडौल हो जाएगा गलत है। सही सहारे वाली ब्रा माँ पहने तो यह दिक्कत नहीं आएगी।

अत: पहले 4 से 6 महीने तक नवजात शिशु को केवल स्तनपान पर रखना चाहिए। उसके बाद ही पोषण के अन्य स्रोत जैसे गाय का दूध तथा अनाज, दाल, आदि देना चाहिए। परन्तु इसके साथ–साथ स्तनपान कराना शिशु के दो वर्ष की आयु तक जारी रखना चाहिए।

केवल स्तनपान का क्या अर्थ है?

इसका अर्थ है कि इसके अलावा पानी तक नहीं, क्योंकि बच्चे के लिए पोषण के साथ–साथ द्रव की जरूरत भी स्तनपान से पूरी हो जाती है।

अगर पानी भी पिलाया जाए तो दूषित होने से पानी बच्चे को बीमार कर सकता है।

जन्म के बाद नवजात को कब स्तनपान शुरू कराना चाहिए?

जन्म के एक घंटे के भीतर। अगर ऑपरेशन से जन्म हो तो 4 घंटे के भीतर।

चीनी का पानी में घोल नवजात को नहीं पिलाएं। इससे नवजात स्तन पान में विलम्ब कर सकता है।

नवजात को कब तथा कैसे स्तनपान कराना चाहिए?

प्रत्येक 2 से 3 घंटे बाद नवजात को स्तनपान कराएं। उसे सहारा देकर स्तन से सटा कर रखें। ज्यादा से ज्यादा 10–15 मिनट तक बच्चा दूध चूसता है। जब तक स्तन से दूध उसके मुँह में आता रहेगा तब तक माता के स्तन के ऊपरी काले भाग में तनाव महसूस होता रहेगा। अगर स्तनपान पूरा होने के पहले दूध निकलना बंद हो जाए तो काले भाग में तनाव महसूस होना बंद हो जाएगा। इस स्थिति में बच्चे को अपना दूसरा स्तन पकड़ा दें। अगर दूध आना बंद होने के बाद भी बच्चा स्तन चूसता रह जाए तो उसके पेट में हवा भर जाएगी। फिर तो उसके पेट में दर्द तथा उल्टी हो सकती है।

नवजात शिशु को दूध उसके रोने पर दें। समय की पाबंदी पर ज्यादा कठोर न रहें। यदि बच्चा सो रहा है तो सोने दें।

अधिक से अधिक 4 घंटे का अंतराल शुरू में रखें।

जब तक एक स्तन से दूध आना बंद न हो जाए, तब तक नवजात को दूसरे स्तन से दूध नहीं पिलाएं। क्यों?

क्योंकि स्तन से निकलने वाले दूध के पिछले हिस्से में ज्यादा पोषक तत्त्व होते हैं।

क्या यह सही है कि छोटे आकार के स्तन में कम मात्रा में दूध बनता है?

नहीं। स्तन में दूध बनना बच्चे के स्तनपान और चूसने पर निर्भर होता है। चिंता, डर, तनाव आदि होने से दूध कम बनता है। माँ को खुश रहना चाहिए।

स्तनपान कराने की सही पोजिशन क्या होनी चाहिए?

इसका सही जबाव नीचे के चित्रों से स्पष्ट हो जाएगा।

स्तनपान के लिये माँ को आराम से बैठ कर या लेट कर स्तनपान कराना चाहिए।

लेट कर दूध पिलाना हमेशा सही नहीं होता। यह ख्याल रहे कि बच्चे का सिर शरीर से हमेशा ऊपर की तरफ ऊंचाई पर होना चाहिये।

बच्चे को स्तन से इस तरह लगाना चाहिये कि निप्पल के चारों तरफ का करीब 1 इंच का घेरा एरीओला (Areola) बच्चे के मुँह में हो। एरीओला कभी भी दो उंगलियों के बीच में दबा नहीं होना चाहिये इससे

दूध निकलने में दिक्कत होती है। बच्चे की नाक भी स्तन से दबनी नहीं चाहिये जिससे कि बच्चे को सांस लेने में कोई परेशानी न हो।

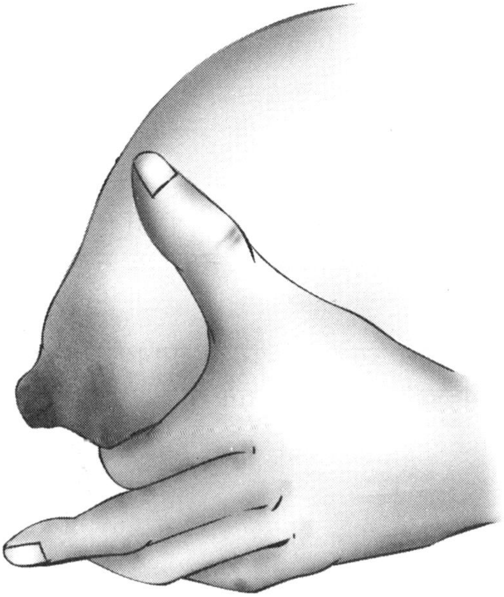

चित्र-5 : स्तन को पकड़ने का सही ढंग

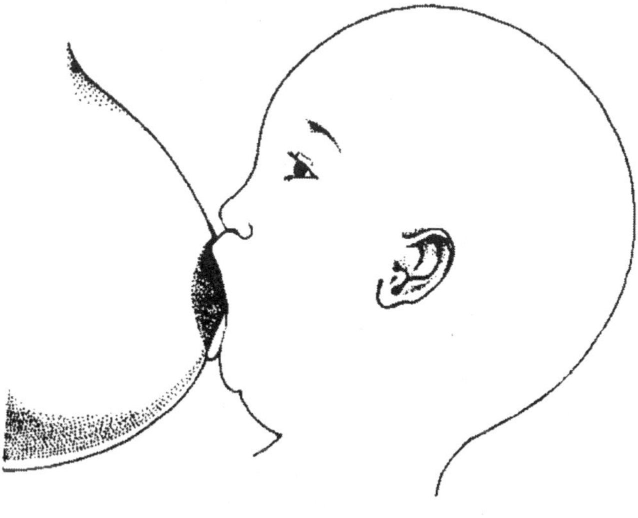

चित्र-6 : स्तनपान का सही ढंग

जैसे ही माँ निप्पल को बच्चे के गाल से लगाती है बच्चा अपने आप निप्पल को मुँह में लेकर सही पोजिशन में स्तनपान करने लगता है और माँ को भी कुछ दिनों में यह समझ आ जाता है कि स्तनपान की सही पोजिशन क्या है।

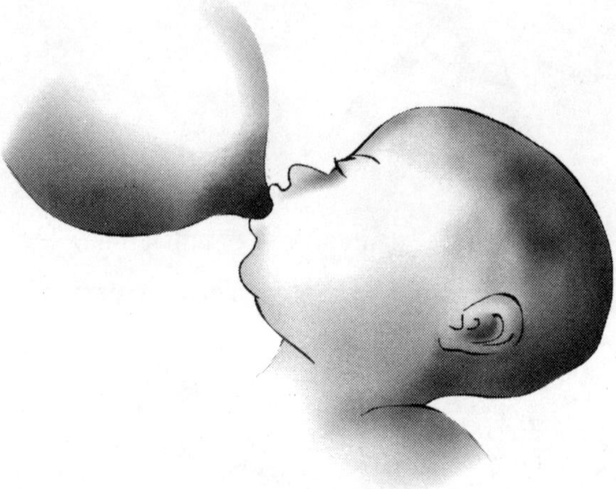

चित्र-7 : स्तनपान का गलत ढंग

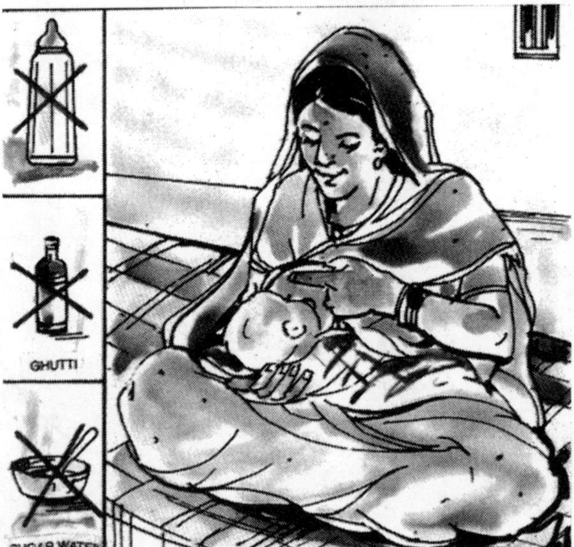

चित्र-8 : बैठे हुए शिशु को स्तनपान कराना

चित्र-9 : लेट हुए शिशु को स्तनपान कराना

कभी-कभी शिशु को स्तनपान के बाद अपने स्तन से अलग करने में मुश्किल होती है, क्या करें?

शिशु के गाल पर अपनी उंगली से हल्के से ठोकें। फिर छोटी उंगली को धीरे से उसके मुँह में एक किनारे से घुसाएं। शिशु का मुँह स्तन से अलग हो जाएगा, और दर्द नहीं होगा।

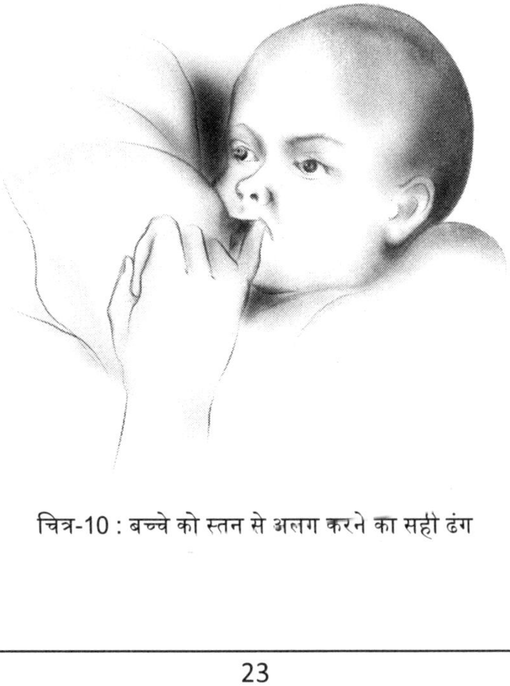

चित्र-10 : बच्चे को स्तन से अलग करने का सही ढंग

यह कैसे पता चलेगा कि शिशु को पर्याप्त मात्रा में स्तन से दूध मिल रहा है?

अगर हरेक स्तनपान के बाद शिशु आराम से सो जाता है, तथा पूरे दिन में 6 से 8 बार पेशाब करता है, 1-2 बार टट्टी करता है और उसके शरीर का सामान्य रूप से वजन बढ़ता है, तो शिशु को पर्याप्त मात्रा में दूध मिल रहा है।

कई बार स्तनपान कराते समय दूसरे स्तन से भी दूध टपक सकता है।

बच्चे का दूध पीने के बाद उसके पेट से डकार कैसे दिलायी जाए?

हरेक बार स्तनपान कराने के बाद शिशु को डकार दिलाई जाती है जिससे स्तनपान के साथ–साथ पेट में गई हवा को उसके मुँह से बाहर निकाला जा सके। ऐसा करने के लिए शिशु को अपने कंधे पर मुँह के बल लिटा दें तथा हल्के–हल्के उसकी पीठ को ठोंके। ऐसा तब तक करें जब तक बच्चे को डकार न आ जाए। बच्चे को डकार बैठा कर या अपनी गोदी में पेट के बल लेटा कर भी दिलाई जा सकती है। हमेशा यह ध्यान रहे कि बच्चे का सिर पेट से ऊंचाई पर हो और सिर को अच्छी तरह सहारा दिया गया हो।

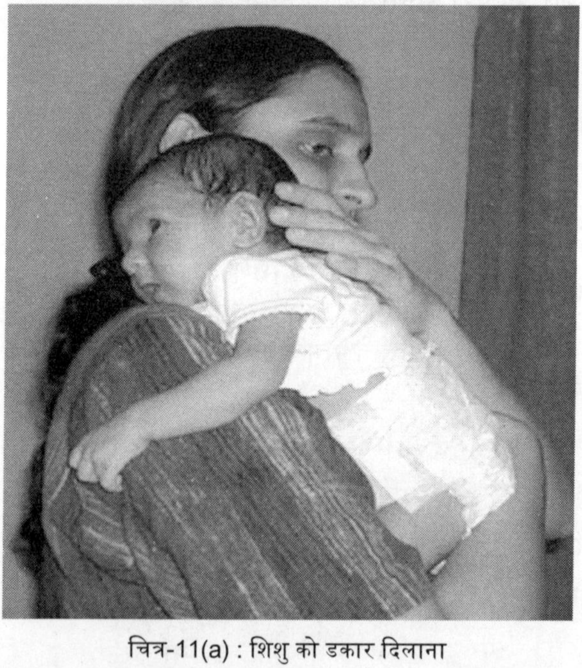

चित्र-11(a) : शिशु को डकार दिलाना

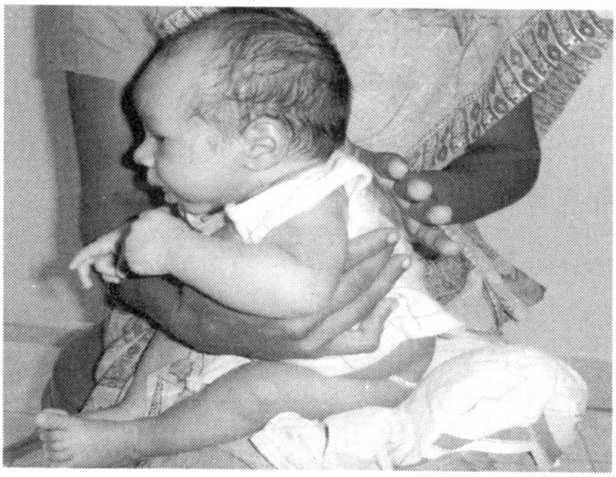

चित्र-11(b) : शिशु को बैठा कर डकार दिलाना

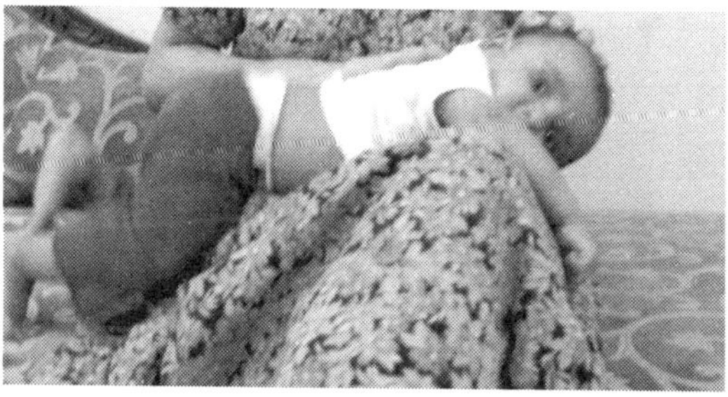

चित्र-11(c) : शिशु को लिटा कर डकार दिलाना

अनेक माँओं/माताओं की शिकायत होती है कि शिशु स्तनपान के बाद कुछ दूध उगल देता है। क्या करना चाहिए?

बच्चे को डकार कराने से इस समस्या पर काबू पाया जा सकता है। दूध पिलाने के 10 मिनट बाद तक बच्चे को यदि न लिटाएं तो यह समस्या हल हो जाएगी। स्तन पान के बाद शिशु के सिर को ऊंचा करके उसको दाहिने तरफ करके लिटाना चाहिए। उसके पैरों को ऊंचा नहीं उठाना चाहिए (जैसे नैपकिन बदलते समय करते हैं) जिससे पेट से दूध मुँह की तरफ जा सकता है।

जरूरत से अधिक मात्रा में दूध पिलाने से भी यह समस्या होती है।

यह समस्या ऊपर से पिलाए गए दूध से अधिक होती है।

अगर समस्या फिर भी बरकरार रहे तो डॉक्टर को दिखायें।

स्तन पान के बाद शिशु को हिचकी आती है। क्या ऐसा होना सामान्य है?

बिल्कुल सामान्य बात है। बहुत से बच्चे ऐसा करते हैं।

अगर स्त्री के स्तन का निप्पल अंदर के तरफ धंसा हो तो शिशु को दूध पिलाने के लिए क्या करना चाहिए?

सीरिंज की मदद से निप्पल को बाहर की तरफ खींचा जा सकता है, जैसा नीचे चित्रों में दिखाया गया है।

इस समस्या के लिए nipple shield का प्रयोग भी किया जा सकता है।

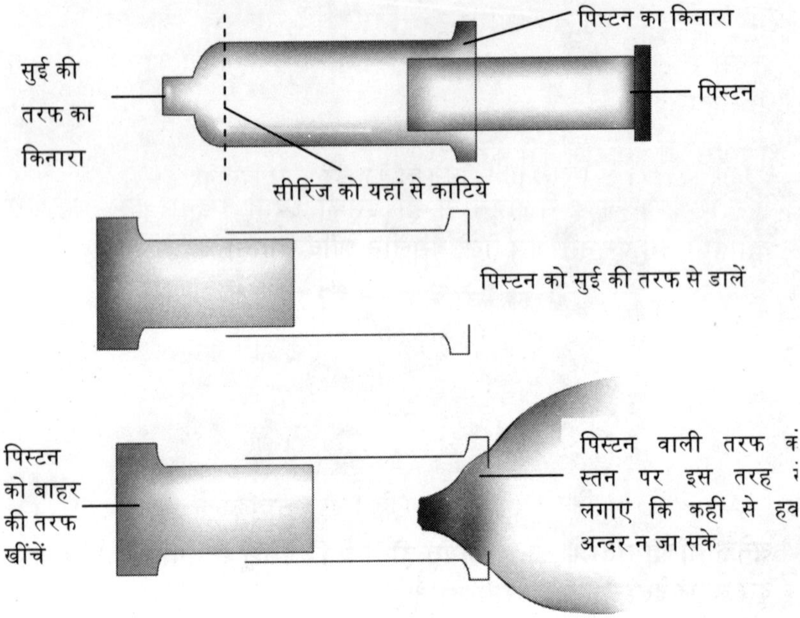

चित्र-12 : सीरिंज से निप्पल को बाहर की तरफ निकालना

स्तन का फूल कर बड़ा होने पर क्या करें?

कभी–कभी स्तन में दूध जमा हो जाने से आकार बड़ा हो जाता है, तथा दर्द होता है। ऐसा तब होता है जब शिशु के जन्म के बाद स्तनपान कराने में देर हो जाती है। किसी वजह से माँ जन्म के बाद शीघ्र स्तनपान स्थापित नहीं कर पाती और ऊपरी दूध जैसे गाय, डिब्बे का दूध या चीनी का घोल पिलाया जाता है।

कभी–कभी स्तन के निप्पल के फट जाने के कारण दूध पिलाने में माँ को दर्द होता है जिससे वह स्तनपान नहीं करा पाती है। “निप्पल” को दो बूंद स्तन के दूध से भिगो कर मुलायम किया जा सकता है। नारियल तेल से भी ऐसा किया जा सकता है।

अगर फिर भी दर्द हो तो स्तन दबा कर दूध बाहर निकालें। फिर चम्मच से शिशु को पिलाएं।

सूजे हुए स्तन को गर्म पानी में भीगे तौलिए से सिकाई करके भी नर्म किया जा सकता है और दूध निकाला जा सकता है।

ऐसा नहीं करने से स्तन में जमा दूध से स्तन के अंदर कभी-कभी मवाद भर सकता है। इन सब से बचने के लिए शीघ्र स्तनपान स्थापित करें और केवल स्तनपान ही कराएं। यदि ऐसा नहीं होता तो तुरंत आप डॉक्टर की सलाह लें।

निप्पल की देखभाल कैसे करें?

शिशु के जन्म से पहले से ही इसका ध्यान रखना शुरू कर देना चाहिए। उस पर नारियल तेल, वैसलीन आदि लगाना चाहिए।

स्तन से दूध दबा–दबा कर कैसे निकालते हैं?

स्तन को सीने से लगे हिस्से से शुरू करके आगे की तरफ दबा कर ले जाएं। बार–बार ऐसा करने से दूध स्तन के अगले हिस्से में आ जाता है। फिर एक हाथ से स्तन को दबाए रख कर दूसरे हाथ से निप्पल के चारों तरफ के काले गोलाकार भाग को उंगलियों में ले कर छाती मे अंदर की तरफ दबाएं। दूध बाहर निकलने लगेगा।

बार-बार इस तरह करके आप दूध एक साफ कप या कटोरी में भर सकते हैं।

यदि गांठे पड़ जाएं तो भी पहले बताए गए तरीके से गर्म तौलिए से सिकाई कर सकते हैं।

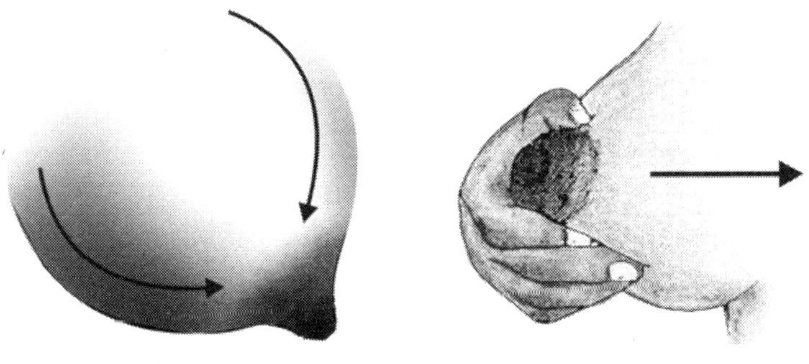

चित्र-13 : स्तन से दूध निकालने की प्रक्रिया

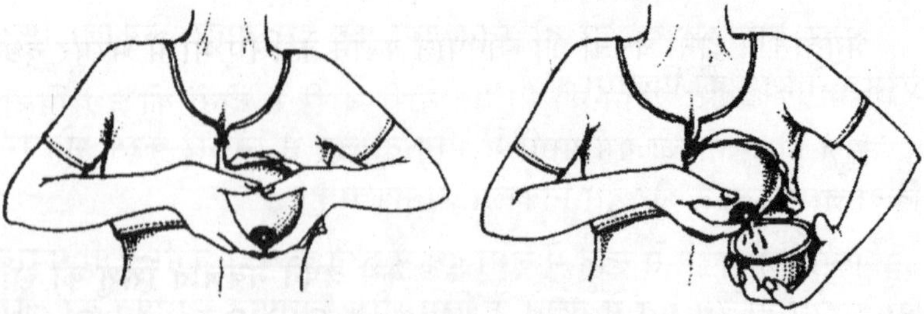

चित्र-14

Breast Pump क्या होता है? यह किस लिए इस्तेमाल किया जाता है?

ये मशीननुमा यंत्र है जो दूध स्तन से निकालने में माँ की सहायता करता है। यह बैटरी अथवा बिजली दोनों से चल सकता है। यह काफी महंगा होता है। आप अपने घर में कटी हुई सीरिंज भी पहले बताए गए तरीके से इस्तेमाल कर सकते हैं। जरूरी है कि आप सब इस्तेमाल में आने वाली Pump, Syringes व Cup को Sterlize कर लें— उबले पानी में 10 मिनट रख कर या बने बनाए मिलने वाले Sterlizer में रख कर।

इस काम के लिए मशीन भी बाजार में मिलती है।

मैं कामकाजी महिला हूं। बच्चे को जन्म देने के बाद मैं ऑफिस जाने लगी हूं। अक्सर स्तन से दूध निकल कर कपड़े भिगो देता है। इससे अत्यंत शर्मनाक स्थिति हो जाती है। क्या करें?

समय–समय पर स्तन से दूध दबा–दबा कर निकाल लें अथवा निप्पल के ऊपर पैड लगाया करें। यदि काम के स्थान पर Fridge है तो आप दूध निकाल कर भी रख सकती हैं। हर हाल में निप्पल और उसके चारों तरफ काले एरीओला (Areola) को सूखा व साफ रखें।

समय पूरा होने से पहले जन्मे कम वजन के बच्चे को पोषण देना क्या सामान्य रूप से जन्मे बच्चे को पोषण देने से भिन्न होता है?

समय से तीन हफ्ते पहले हुए तथा 2.5 Kg से कम वजन वाले ऐसे जन्मे कमजोर शिशु को सामान्य से अधिक पोषण चाहिए। अत: स्तनपान के अतिरिक्त अलग से प्रोटीन, कैल्शियम, विटामिन आदि देना पड़ता है।

इसमें क्या सच्चाई है कि एक जुड़वां बच्चों को जन्म देने वाली माँ दोनों के लिए भरपूर दूध से स्तनपान करा सकती है?

भगवान ने दोनों बच्चों को स्तनपान कराने के लिए माँ में भरपूर दूध दे सकने की क्षमता प्रदान की है। वह बारी–बारी से दोनों को दूध पिला सकती है। एक स्तन से एक को तथा दूसरे को दूसरे स्तन से कुछ देर बाद या फिर दोनों को इक्टठे अलग-अलग स्तन से।

अनेक कामकाजी माताएं पूछती हैं कि वे कैसे अपने नवजात शिशु को छः महीने तक अपना स्तनपान करा सकती हैं जब कि वे दिन भर ऑफिस में रहती हैं?

उपाय है। वे अपने स्तन से दूध निकाल कर संग्रहित कर सकती हैं। उस दूध को नवजात को पिलाया जा सकता है। इसके लिए ऐसा करना होगा कि:—

- दूध स्तन से निकालने के पहले अच्छी तरह् हाथ साफ करें।
- सा़फ बर्तन या शीशी में निकाला हुआ दूध जमा करें।
- इस दूध को 25°C या कम ताप पर 8 घंटे तक रखा जा सकता है।
- रेफ्रीजरेटर में इसे पांच दिनों तक भी रखा जा सकता है।
- Freezer में माँ का दूध 2 हफ्ते तक रख सकते हैं।
- ठंडे दूध को सामान्य तापक्रम पर लाने के बाद ही शिशु को पिलाएं।
- दूध पिलाने से आधा घंटे पहले दूध बाहर निकाल लें। Freezer में से पहले दूध बाहर निकालें फिर नीचे रखें या नुवाए पानी में 5-10 मिनट तक रखें।
- ठंडे संग्रहित दूध को एक बार सामान्य तापक्रम पर लाने के बाद शिशु को अगर नहीं पिला सके, तो उस दूध को दुबारा ठंडे जगह पर न रखें, बल्कि उसे फेंक दें।
- ठंडे दूध को सामान्य तापक्रम पर लाने के लिए इसे आंच पर कभी भी गरम नहीं करें।

इस प्रकार संग्रहित दूध को माँ की गैर मौजूदगी में, या यात्रा करने के दौरान शिशु को पिलाया जा सकता है।

नवजात शिशु की माँ किस प्रकार स्तन में दूध आते रहने की अवधि को लंबा कर सकती है?

डिप्रेशन, तनाव, चिंता से स्तन में दूध आने की प्रक्रिया प्रभावित होती है।

कुछ आयुर्वेदिक तथा Allopathic दवाएं भी उपलब्ध हैं। कहा जाता है है कि लहसुन का सेवन दूध उत्पादन बढ़ाने में मदद करता है। लेकिन सबसे मुख्य बात है कि माँ को प्रोटीन युक्त भोजन करना चाहिए और पर्याप्त मात्रा में द्रव आहार जैसे- दूध, पानी आदि पीना चाहिए।

क्या कुछ विपरीत लक्षण भी हैं जिनके कारण माँ को स्तनपान नहीं कराना चाहिए?

कुछ लक्षण इस प्रकार हैं:—

- माँ अगर कैंसर की दवा ले रही हो।
- माँ को रेडिएशन युक्त आयोडीन दिया जा रहा हो।
- अगर नवजात शिशु में जन्मजात बीमारी—पाचनतंत्र से संबंधित—हो। इसमें शिशु का शरीर दूध में पाया जाने वाले "गैलेक्टोज" को "ग्लूकोज" में परिवर्तित नहीं कर पाता है। शिशु के पाचनतंत्र में एक खास प्रकार का एंजाइम—गैलेक्टोज–1 फॉस्फेट यूरीडाइल ट्रांसफरेज–नहीं होने के कारण यह समस्या उत्पन्न हो जाती है। इस हालत में दूध पिलाने से शिशु दस्त तथा उल्टी से ग्रसित हो जाता है।
- अगर माँ को active T.B. या H.I.V. (+) हो।

उम्मीद है कि इन सब जानकारियों से माताओं की स्तनपान से सम्बन्धित भ्रांतियां दूर हो सकेंगी।

फिर भी आपकी समस्या हो तो आपका डॉक्टर उचित सलाह दे सकता है।

■■■

2

गाय–भैंस या डिब्बे का दूध पिलाना

डिब्बे का दूध गाय के दूध से, सोया प्रोटीन से, कृत्रिम विधि से इस प्रकार तैयार किया जाता है कि यह माँ के प्राकृतिक दूध से मिलता–जुलता हो जाए। इस कृत्रिम दूध के पाउडर में अलग से आवश्यक पोषक तत्वों, विटामिन, आदि को मिलाया जाता है। जन्म से लेकर छः महीने तक पिलाने लायक निर्मित कृत्रिम दूध के अलावा छः माह से एक वर्ष तक के लिए, एक से दो वर्ष के आयु तक के लिए भी निर्मित किया जाता है।

उपयुक्त प्रकार के दूध पाउडर को गरम पानी में घोल कर डिब्बे के ऊपर लिखित निर्देश के अनुसार बच्चे को पिलाया जाता है।

लेकिन पहले छः माह तक शिशु के लिए स्तनपान ही सर्वश्रेष्ठ आहार होता है।

- दूध के डिब्बे का ढक्कन गीले हाथों से न खोलें।
- दूध का डिब्बा ठंडी, सूखी जगह पर रखें।
- तारीख निकल जाने के बाद दूध का डिब्बा इस्तेमाल न करें।
- दूध बनाने से पहले अपने हाथ अच्छे से धोएं और सुखा लें।
- डिब्बे में दिए गए चम्मच का ही प्रयोग करें।
- पानी उबलने पर (बुलबुले आने के बाद) 10 मिनट तक उबाल के ठंडा करें। नुवाया होने पर पाउडर मिलाएं और हिलाएं जिससे गांठें न पड़ें।
- चम्मच को अधिक न भरें, सतह तक ही नापें।
- इस दूध को चम्मच में भर कर शिशु को पिलाएं।

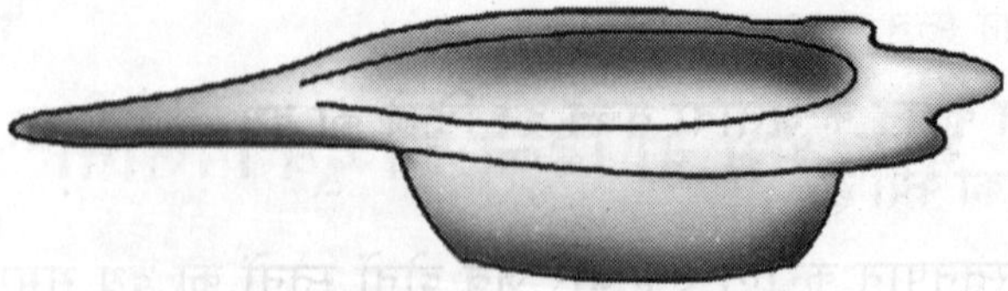

चित्र–15: दूध की चम्मच

इस प्रकार का चम्मच भारतवर्ष में कई वर्षों से चला आ रहा है।

अगर चम्मच की जगह बोतल का प्रयोग करना हो तो:—

- बोतल को गरम पानी में थोड़ा साबुन घोल कर धोएं।
- फिर साफ पानी से बार–बार धो कर साबुन को हटाएं।
- दस मिनट तक बोतल को पानी में डाल कर उबालें ।
- दूध इस तरह पिलाएं कि बोतल से हवा निप्पल से पेट में न जाए।
- जब दूध थोड़ा बचा रहे उसी समय बच्चे के मुँह से बोतल हटा लें। पूरा दूध खत्म करने के चक्कर में बच्चे के पेट में बोतल की हवा चली जाएगी।
- बोतल के निप्पल को हर चौथे दिन बाद बदलना चाहिये क्योंकि यह बार-बार उबलने से खराब हो जाते हैं।
- निप्पल का छेद सही होना चाहिए एक सैकण्ड में कई बूंद गिरनी चाहिए, न अधिक तेज न ज्यादा कम।
- दूध की धार का निरीक्षण दूध के साथ ही करें, पानी से नहीं। निरीक्षण के समय बोतल हिलाएं नहीं।

डिब्बे के दूध को बोतल के बजाय चम्मच से पिलाने पर जोर क्यों दिया जाता है?

बोतल के उपयोग में संक्रमण फैलने का अंदेशा अधिक होता है, अगर बोतल की साफ–सफाई में चूक रह जाए तथा बोतल से हवा के पेट में जाने का चांस होता है।

अगर बोतल के निप्पल में छेद बड़ा हो जाए तो ज्यादा दूध मुँह में जाने से बच्चे के कान में भी चले जाने का खतरा रहता है। इसके कारण

बच्चे के कान में संक्रमण हो सकता है। बोतल लेने के बाद हो सकता है शिशु, माँ का स्तन दोबारा न पकड़े।

मैं स्तनपान कराने के अलावा बच्चे को डिब्बे का दूध भी देती हूं। इसका अच्छा तरीका क्या है?

पहले स्तनपान कराएं। एक बार जब दोनों स्तनों का दूध समाप्त हो जाए एवम् बच्चे का पेट नहीं भरे तो डिब्बे का दूध भी दें। इसके लिए स्तन पान कराने के पहले ही कृत्रिम दूध का घोल तैयार कर के रख लें।

दूध पिलाते समय बोतल को किस प्रकार रखना चाहिए?

बोतल इस प्रकार रखें कि हवा बोतल की पेंदी की तरफ रहे, तथा निप्पल में दूध पूरी तरह भरा रहे। बोतल के पेंदी वाले छोर को बच्चे के मुँह में ऊंचा करके रखें।

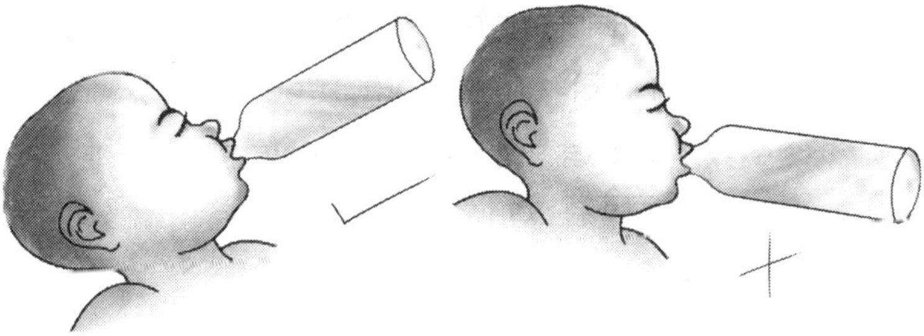

चित्र–16 : बोतल को किस प्रकार रखा जाए

जैसे–जैसे बोतल का दूध कम होता जाएगा, पेंदी में हवा कम होने के कारण दबाव कम होता जाएगा। इससे बच्चे को दूध चूसने में ज्यादा जोर लगाना पड़ेगा। अत: बीच–बीच में बोतल को बच्चे के मुँह से कुछ बाहर निकाल कर दुबारा मुँह में पकड़ाएं।

बच्चे को एक साल का होने के पहले डिब्बे का या गाय का दूध नहीं देने के लिए डॉक्टर क्यों कहते हैं?

पहले ही कहा जा चुका है कि क्यों स्तनपान सर्वोत्तम आहार है।

गाय का दूध पिलाने से बच्चे को कब्ज हो सकती है। शरीर में पानी की कमी हो सकती है, ऐलर्जी का कारण बन सकता है, मल में खून आ सकता है। शरीर का सामान्य गति से विकास नहीं हो सकता है। ऐलर्जी के कारण दमा बच्चे के बड़ा होने पर हो सकता है। स्तन के दूध से शरीर को मिलने

वाली प्रतिरोधक क्षमता का पर्याय गाय/डिब्बे का दूध नहीं हो सकता है। अत: बड़ा होने पर बच्चा बार–बार बीमार हो सकता हैं।

डॉक्टर डिब्बे के दूध को हमेशा मना क्यों करते हैं?

डॉक्टर लोग डिब्बे के दूध को बार-बार इसलिए मना करते हैं:-

- संक्रमण होने की संभावना जैसे उल्टी/दस्त, अगर सही तरह से पानी उबला न हो या दूध सही तरह से रखा न हो।
- कब्ज या पानी की कमी होना अगर दूध के घोल में कम पानी हो तो।
- दस्त होना अगर डिब्बे का दूध ज्यादा पिलाओ तो।
- शिशु का विकास कम होना यदि पानी की मात्रा अधिक है तो, और दूध कम दिया हो तो।

इसके अतिरिक्त डिब्बे का दूध बच्चे को कभी संक्रमण रोगों से सुरक्षा नहीं दिलवा सकता। अधिकांश डिब्बे के दूध, गाय के दूध या सोया प्रोटीन से बनते हैं, इनसे ऐलर्जी होने का खतरा हमेशा बना रहता है।

बच्चे को कितनी मात्रा में डिब्बे का दूध पिलाना चाहिए?

5-6 आउन्स बच्चे के प्रत्येक किलोग्राम वजन के हिसाब से प्रति दिन। (1 आउन्स में 30 मि. लीटर)

अगर बच्चे का वजन 4 कि. ग्राम है तो 6 × 4 = 24 आउन्स दूध एक दिन में। 6 से 7 बार में थोड़ा–थोड़ा करके पिलाएं।

यदि आप गाय का दूध बच्चे को दे रहे हैं तो आपको बीच-बीच में पानी (उबाल के ठंडा किया हुआ) देना चाहिए नहीं तो बच्चे को कब्ज, पानी की कमी और अधिक प्यास लगना, इन सब की संभावना बनी रहती है। बच्चा बहुत ज्यादा चिड़चिड़ा हो सकता है। दूध में ऊपर से पानी नहीं मिलाना चाहिए इससे आप दूध की ताकत कम कर रहे हैं और बच्चे को कम भोजन जा रहा है।

गाय का दूध अच्छा है या डिब्बे का?

डिब्बे का दूध अपेक्षाकृत अच्छा है, क्योंकि इसको बनाने में अलग से आवश्यक तत्वों को मिला कर स्तन के दूध के करीब गुणवत्ता प्रदान की जाती है।

इसके इलावा गाय का दूध सस्ता है, आसानी से मिल जाता है परन्तु वह खराब जल्दी हो जाता है। डिब्बे का दूध ज्यादा महंगा है। अगर आप डिब्बे का दूध खरीद सकते हैं तो पहले साल डिब्बे का दूध ही दें। गाय का दूध देना है तो हमेशा ताजा उबाल कर ठंडा किया हुआ दूध दें।

दूध बनाने के बाद इसे बाद में पिलाने के लिए फ्रिज में रखा जा सकता है?

नहीं। 30 मिनट से ज्यादा होने पर इसे फेंक दें।

क्या गाय या डिब्बे के दूध में चीनी डालनी चाहिए?

बिल्कुल नहीं। ऐसा करने से बच्चे को दस्त हो सकते हैं।

■■■

3

बच्चे को दूध के अतिरिक्त अन्य ठोस पदार्थ खिलाने की शुरूआत

जब नवजात कुछ माह का हो जाता है तो उसे स्तनपान या डिब्बे के दूध के साथ–साथ कुछ अनाज आधारित खाद्य पदार्थ देना शुरू किया जाता है। शुरू में बच्चा नहीं लेना चाहता है। इसके कारण बहुत चतुराई से ऐसा करना पड़ता है। माँ को इस समय कई तरकीबें सोचनी पड़ती हैं।

कब अर्थात् किस उम्र में अनाज आधारित भोजन शुरू करना चाहिए?

जब बच्चा 4 से 6 माह का हो जाए—अक्सर छठवें माह से शुरू करते हैं। इसके पहले शिशु का पाचनतंत्र ठोस भोजन पदार्थ को पचाने लायक नहीं होता है। न ही बच्चा ठोस पदार्थ को निगल सकता है।

ठोस पदार्थ बच्चे को कैसे देना शुरू किया जाए?

शुरूआत में एक चम्मच चावल का पानी पिलाएं। धीरे–धीरे मात्रा बढ़ाएं। जब शिशु स्तनपान पूरा करने वाला हो, उसी बीच में चावल के पानी का चम्मच उसके मुँह में दें। जैसे–जैसे चावल के पानी की मात्रा बढ़ाएं, वैसे–वैसे उसके साथ में स्तनपान का अंतराल समय कम करते जाएं।

एक सप्ताह के बाद एक स्तनपान को पूरी तरह बंद करके केवल चावल का पानी ही पिलाएं।

बाद में इसी प्रकार दाल का पानी शुरू करें।

धीरे–धीरे केले को ठेस (Mashed) करके देना शुरू करें। फिर उबले आलू को ठेस करके खिलाएं।

फिर धीरे-धीरे पके चावल तथा दाल को ठेस करके खिलाना शुरू करें।

शुरू के दो महीनों में नमक या चीनी ठोस पदार्थ में नहीं डालें। चावल, दाल, के बाद उसे उबला फल, हरी सब्जी भी ठेस करके दें।

जब बच्चा नियमित रूप से पानी पीने लगे, तब उसके ठोस भोजन में नमक डालना शुरू करें।

ज्यादा मात्रा में चीनी देने से बच्चे को ढीला/पतला दस्त होने लगेगा।

अगर बच्चे के मल में नहीं पचने वाला रेशेदार पदार्थ (fibre) दिखे तो घबराएं नहीं।

क्या इसके बाद अण्डा भी दिया जा सकता है?

अभी नहीं। जब तक बच्चा एक साल का नहीं हो जाए, उसे आटा, मक्का, मैदा, अण्डा, सोया, मछली, गाय/भैंस का दूध नहीं दें।

फिर भी नौ माह का होने पर अण्डे की पीली जर्दी दे सकते हैं।

और क्या–क्या भोजन में शामिल किया जाए जिससे बच्चे को संतुलित पोषण मिल सके?

हरी सब्जी, हरी मटर, गुड़ आदि खिलाने से उसके खून में हीमोग्लोबिन बढ़ने में सहायक होगा। परन्तु ठोस आहार के साथ-साथ स्तनपान चलते रहना चाहिए।

धीरे–धीरे आसानी से चबाने योग्य सभी पदार्थों को खिलाना चाहिए, जिससे कि बच्चा एक वर्ष का होने तक सभी चीजें खाने लगे—मसालेदार चीजों को छोड़कर। (अलग भाग—"6 महीने से लेकर 6 वर्ष की आयु तक" में पोषण तथा खाने की आदत से संबंधित अधिक जानकारी मिलेगी।)

क्या मैं शिशु को पानी पिला सकती हूं?

स्तनपान पर रहने वाले शिशु को साधारणतया पानी पिलाने की जरूरत नहीं होती है।

जब स्तनपान के अतिरिक्त भोजन पदार्थ दिया जाना शुरू किया जाए, तब शिशु को पानी पिलाना शुरू करते हैं। अर्थात् शिशु के छः मास का होने पर। पानी की मात्रा उतनी ही होनी चाहिए जिससे शिशु प्रतिदिन 6 से 8 बार पेशाब करे।

पहले पानी कप या टंबलर से 6 महीने से दें। पानी पर्याप्त होने पर बच्चे की टट्टी मुलायम होगी और वह आराम से सोएगा।

खाने लायक बाजार में तैयार भोजन जो शिशु को दिया जा सकता है, उसके बारे में जानकारी दीजिए।

अनेक प्रकार के ऐसे पदार्थ डिब्बे में मिलते हैं। फिर भी घर का पकाया पदार्थ, जो सुपाच्य हो, देना ठीक रहेगा।

बाहर मिलने वाले तैयार भोजन को बनाने में भी उतनी ही सावधानी बरतनी होगी जितनी कि डिब्बे का दूध बनाने में। यह भोजन बोतल में कभी न दें। घर में बना ताजा भोजन हमेशा बेहतर है।

Fortified Foods का क्या अर्थ है?

किसी भी खाद्य पदार्थ में ऐसा कुछ मिलाना जिससे उसकी गुणवत्ता बढ़े। जैसे बच्चे के डिब्बे वाले दूध में कई पोषक तत्व मिलाना, नमक में Iodine मिलाना; आजकल इस प्रकार के कई आटे भी मिलने लगे हैं।

■■■

4

पाचनक्रिया तथा मल निष्कासन

बच्चे की पाचनशक्ति शुरू में कमजोर होती है। जैसे–जैसे बच्चा बड़ा होता है, वैसे–वैसे उसकी पाचन शक्ति भी मजबूत होती जाएगी। अत: सही समय से पहले शिशु को ठोस आहार, ऐलर्जी कारक पदार्थ—जैसे अण्डा, मूंगफली, मटर खिलाने से अनेक प्रकार की समस्याएं—जैसे पतला दस्त, उल्टी, पेट दर्द हो सकता है। नवजात की पेट की अंतड़ियां संक्रमण रोधक नहीं होती हैं, जिससे डायरिया आदि होने की संभावना अधिक रहती है।

याद रखें कि माँ का दूध असंक्रमित होता है अर्थात् शिशु के लिए सबसे उत्तम और हानिरहित होता है।

जैसे–जैसे शिशु बड़ा होता जाएगा, उसके मल निष्कासन की बारंबारता कम होती जाती है।

शिशु की पाचनक्रिया एवम् मल निष्कासन के बारे में भ्रांतियां दूर करने के लिए यहां प्रयास किया जा रहा है:—

शुरू में शिशु का मल गाढ़ा हरे रंग का था। जन्म के पांच दिनों के बाद ढीला पीलापन लिए मल हरेक स्तनपान के बाद होने लगा। मुझे डर है कि बार–बार मल निष्कासन से शिशु में पानी की कमी तो नहीं होगी? क्या कुछ दवा देना चाहिए?

नहीं। ऐसा केवल कुछ दिनों तक ही होता है। पहले 3-5 दिन बच्चे का मल काले/हरे से रंग का होता है। उसके बाद मल होने में स्वत: कमी आ जाती है। आपको तब चिंता करनी चाहिए जब शिशु सुस्त हो या पेशाब करने में कमी आ जाए या बुखार हो, मुँह सूखा हो या आंखें अंदर धंसी दिखें, तो इस परिस्थिति में डॉक्टर को दिखाएं।

जन्म लेने के बाद नवजात को पेशाब तथा मल कब निकलना चाहिए?

जन्म के 48 घंटे के अंदर मल तथा पेशाब 24 घंटे में। इससे ज्यादा देरी होने पर शिशु रोग विशेषज्ञ (डॉक्टर) को दिखाना चाहिए।

मेरे नवजात के पेट से अत्यधिक हवा निकलती है। क्या करना चाहिए?

अगर नवजात को किसी प्रकार का कष्ट नहीं हो रहा हो, तो चिंता न करें। स्तन पान के बाद पीठ ठोक कर डकार कराते रहें। ऊपर का दूध न दें। खुद भी हल्का और कम मसालेदार खाना खाएं।

मेरा नवजात अब तीन सप्ताह का हो चुका है। वह तीन-तीन दिनों पर मल निष्कासन करता है। क्या चिंता की बात है?

स्तनपान कर रहे शिशु कुछ सप्ताह तक अनियमित रूप से मल निष्कासित कर सकते हैं। खास कर के दो से तीन सप्ताह की उम्र के बाद। अत: माँ को चिंता नहीं करनी चाहिए, अगर मल मुलायम हो, शिशु आराम से हो, उल्टी न हो तथा पेट से हवा सामान्य रूप से निकलती हो।

यह कम मल होने की स्थिति की डिब्बे वाले दूध से कम संभावना है। यदि हो तो डाक्टर को दिखाएं।

असामान्य स्थिति में डॉक्टर को दिखाएं।

शिशु के तीन सप्ताह का हो जाने के बाद वह बार–बार थोड़ी–थोड़ी मात्रा में गाढ़ा हरे रंग का मल करता हो तो क्या कारण हो सकता है? शिशु का वजन भी सामान्य से कम बढ़ रहा है।

आपके शिशु को भरपूर मात्रा में दूध नहीं मिल रहा है। ऐसी स्थिति बच्चे के भूखा रहने के कारण होती है। उसे भरपूर मात्रा में दूध पिलाएं तथा उसके वजन की वृद्धि की दर पर नजर रखें, डाक्टर की सलाह लें।

शिशु 6 माह की हो चुकी है। उसे ठोस भोजन देना शुरू कर दिया है। उसका मल कड़ा तथा छोटे–छोटे टुकड़ों में होता है। मल करने में शिशु को जोर भी लगाना पड़ता है। क्या करना चाहिए?

ज्यादा प्रोटीन अर्थात् दाल, कम पानी, तथा भोजन पदार्थ का कम रेशेदार होना इस कब्जियत का कारण है।

पानी की मात्रा बढ़ा दें, ज्यादा रेशा वाला पदार्थ भोजन में दें। उबाले और ठेसे गए फल, कई तरह का केला आप दे सकते हैं। रात में कुछ सूखे खजूर या अंगूर भिगो कर सुबह उसका पानी दे सकती हैं। अगर इससे फायदा न हो तो डॉक्टर से परामर्श करें।

मेरा बच्चा 2 दिन का है। उसके मल में कल खून आया था क्यों?

क्या आपके स्तन के निप्पल Cracked या फटे हुए हैं? हो सकता है दूध के साथ उसने खून भी थोड़ा पी लिया हो। क्या आपके बच्चे को जन्म पर Vit K का टीका लगा है? Vit K की कमी से खून आ सकता है या उसके टट्टी के रस्ते पर कहीं कुछ छिल या कट गया हो। किसी भी हालत में डाक्टर का परामर्श जरूरी है।

■■■

5

शिशु के शरीर का विकास

सामान्य दर से शरीर के विकास के तीन मापदंड होते हैं:—सिर का आकार, वजन, लंबाई। सामान्य से हेर–फेर के कारणों में सबसे महत्वपूर्ण होता है—पोषणयुक्त आहार।

सामान्य तौर पर पहले पांच महीने में नवजात का वजन दो गुणा हो जाता है। एक साल की उम्र होने पर चार गुणा हो जाना चाहिए। उसी प्रकार बच्चे की लंबाई जन्म के समय के मुकाबले चार वर्ष की उम्र में दोगुणा हो जाना चाहिए।

यह सब शिशु के सामान्य विकास के द्योतक हैं।

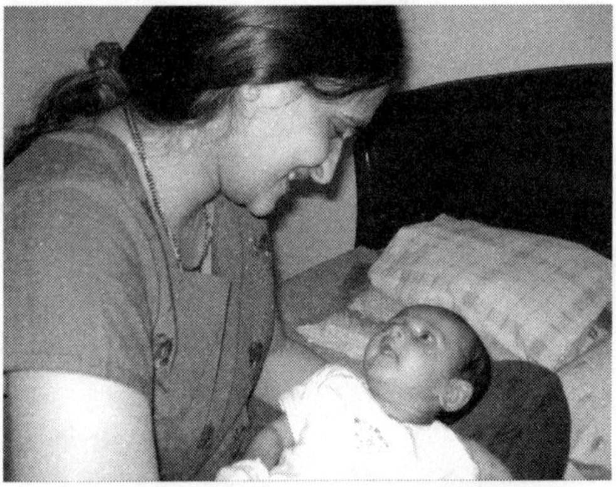

चित्र 17 : बच्चे का 1½ महीने में मुस्कुराना

बच्चा माँ को देखकर 1½ महीने में मुस्करा सकता है। शिशु अपनी गर्दन के सहारे सिर संभालना चार माह के बाद शुरू कर देता है। 12 हफ्ते होने पर बच्चा अपने हाथों के सहारे अपने आप को संभाल सकता है। 3 महीने पर आवाजें निकालना और हंसना शुरू कर देता है। छ: माह तक होते–होते वह खुद अपने पेट के बल उलटना शुरू कर देता है। फिर अपने हाथों के सहारे बैठना शुरू कर देता है।

चित्र 18 : शिशु का पेट के बल चलना

छः महीने का होने पर वह हाथ में कुछ पकड़ाने पर उसे अपने मुँह में लेने की कोशिश करने लगता है, एक हाथ से दूसरे हाथ में ले सकता है, तथा मुँह से कुछ बोलने लगता है—जैसे मा...तथा बा...

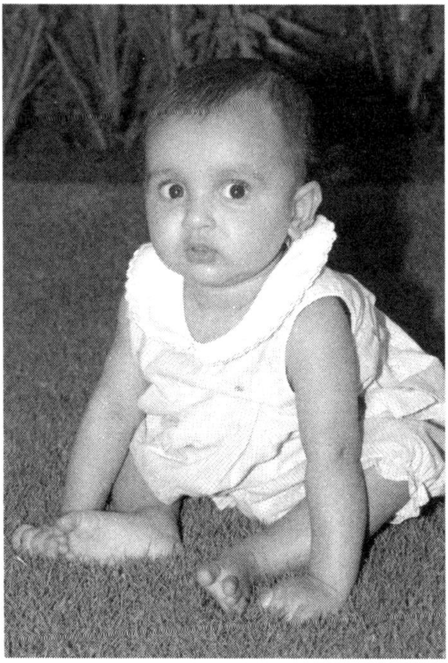

चित्र 19

मेरा बच्चा 7 दिन का है। वह पैदा होने के समय से अब अधिक कमजोर लग रहा है। मुझे चिंता है।

बिल्कुल चिंता की आवश्यकता नहीं। हर बच्चे में पहले हफ्ते में 10% वजन कम होता है फिर अगले 10-14 दिनों में उसे वापिस हासिल कर लेता है। उसके बाद 20-30 gm प्रतिदिन पहले तीन महीनों में और फिर 15-20 gm प्रतिदिन अगले तीन महीनों में वजन बढ़ता रहता है। जब तक आपके बच्चे का वजन बढ़ रहा है, वह चुस्त है, मल और पेशाब सामान्य ढंग से कर रहा है, कोई चिंता नहीं होनी चाहिए।

कितने समय के अंतराल पर बच्चे का वजन चैक करना चाहिए?

जन्म के बाद कुछ दिनों तक रोजाना अस्पताल में। फिर दो माह तक प्रति सप्ताह, उसके बाद प्रत्येक महीने जब तक बच्चा एक साल का न हो जाए। तथा एक साल का होने के बाद हरेक छः माह पर। यह हमेशा संभव नहीं हो पाता। अस्पताल से घर आने पर जब आप उसको टीका लगवाने ले कर जाएं, तभी आपका डाक्टर उसका वजन ले लेगा। आवश्यकता होने पर वह आपको दोबारा बुला लेगा।

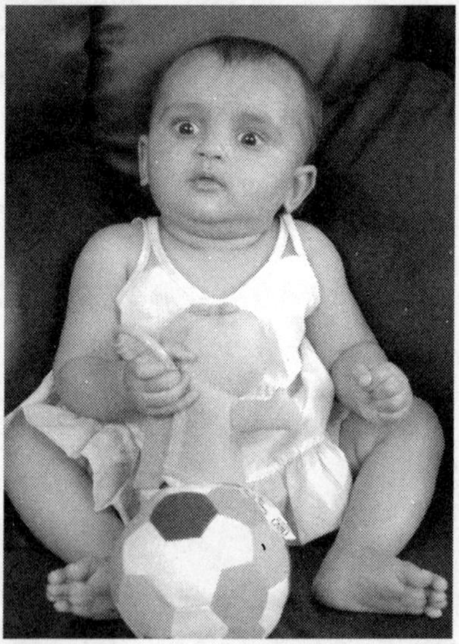

चित्र 20 : शिशु का अपने हाथों से चीजें पकड़ना

मेरा बच्चा पांच माह का हो गया है। लेकिन उसी उम्र के अन्य बच्चों से छोटा दिखता है। सही समय से वह 7 सप्ताह पहले जन्मा था। उस समय उसका वजन महज 1.4 kg था। वह अन्य बच्चों की बराबरी कब तक कर पाएगा?

समय पूरा होने से पहले जन्मे बच्चे के लिए सामान्य रूप से जन्मे बच्चे के समान शरीर वृद्धि हासिल करने में डेढ़ वर्ष का समय लगता है, सिर का आकार हासिल करने के लिए, दो साल लगते हैं— वजन में बराबर होने में, तथा शरीर की लंबाई की बराबरी करने में उसे 3½ वर्ष लगते हैं।

■■■

6

रोना तथा दर्द महसूस करना

डॉक्टर से माताओं का यह कहना कि उनका बच्चा रात में बहुत रोता है, एक सामान्य नजारा है। अथवा शिकायत करती हैं कि बच्चा हमेशा रोता रहता है।

अक्सर बच्चा भूखा होने के कारण रोता है अथवा नींद महसूस करने के कारण, या किसी प्रकार की तकलीफ होने से। पेट में मरोड़/Colic की तकलीफ के कारण बच्चे का रोना आम बात है।

अगर सारे उपाय करने के बाद भी बच्चा रोना बंद नहीं करे तो डॉक्टर को दिखाएं।

मेरा बच्चा तीन सप्ताह का है। वह कई दिनों से बहुत रो रहा है। खास कर शाम के वक्त। रोते समय वह अपने पैरों को पेट की तरफ मोड़ता रहता है। लगता है कि उसके पेट में दर्द हो रहा है। क्या करें?

मरोड़/Colic पेट में दो सप्ताह के शिशु में शुरू होकर उसके 6 सप्ताह का होने तक की तकलीफ चरम पर पहुँच जाती है। बच्चे के चार महीने का होने पर इसमें सुधार हो जाता है। इस मरोड़ का कारण पेट में हवा भरने या उसकी माँ के भोजन के कारण ऐलर्जी होने के कारण होता है।

अगर स्तनपान के बाद डकार करा दिया जाए, या उसकी माँ के ऐलर्जीकारक पदार्थ के सेवन पर रोक लगा दी जाए, तो इससे निजात मिल सकती है।

अनेक प्रकार की दवाएं बाजार में उपलब्ध हैं, परन्तु दवा नहीं देना ही ठीक रहता है। अभी तक कोई भी दवा बहुत लाभदायक नहीं है।

बाजार में Simethicone, til seed oil, सौंफ का पानी, Phenargan इत्यादि कई दवाएं मिलती हैं।

Simethicone वाली दवा से कुछ लाभ हो सकता है।

कई दवाओं जैसे घुट्टी आदि से बच्चे को नींद या नशा हो सकता है। ये कदापि न दें।

अक्सर बच्चे को ग्राइप वाटर पिला देते हैं। लेकिन इससे समस्या बढ़ सकती है। दस्त होने की भी संभावना होती है।

मेरा बच्चा चार सप्ताह का हो गया है। वह रोजाना करीब 3 घंटे रोता है। क्या यह ठीक है?

छः सप्ताह का होने तक बच्चा साधारण तौर पर रोजाना दो से तीन घंटे रोता है। तीन माह का होने पर यह घट कर एक घंटा रोजाना हो जाता है।

अक्सर भूख लगने पर अथवा पेशाब या मल त्याग करते समय, गर्मी या ठंड लगने पर, पेट में दर्द होने पर, अकेला होने पर, कपड़े के आरामदेह नहीं होने पर, कोई चींटी काटने पर बच्चा रोता है ।

यहां मैं चेतावनी देना चाहूंगी कि जब भी बच्चा रोने लगे, उसे दूध पिलाना शुरू कर दिया जाना—यह सही नहीं है।

मल–त्याग के पहले बच्चा क्यों रोता है?

ज्यादातर बच्चे ऐसा करते हैं। लेकिन अगर मल कड़ा नहीं हो, निकलने में तकलीफ नहीं होती हो, तो चिंता नहीं करें।

बच्चे को रोने से रोकने के लिए क्या उसके मुँह में चूसनी देना ठीक है?

मैं इसके पक्ष में नहीं हूं। पता करें कि बच्चा क्यों रो रहा है तथा उसका उपाय करें। चूसनी से बच्चे के पेट में हवा जा सकती है जिससे समस्या अधिक होगी। बच्चे को इसकी आदत लग जाएगी और इस आदत को साल दो साल तक छुड़ाना मुश्किल हो जाएगा।

■■■

7

नींद

नवजात शिशु 15 से 17 घंटे सोता है। अनेकों माताएं शिकायत करती हैं कि उनका नवजात शिशु सोता ही रहता है, जब तक कि उसे दूध न पीना हो।

नवजात कब रात में ज्यादा देर तक सोना शुरू करते हैं?

2 से 3 महीने के होने पर नवजात रात में 4 से 6 घंटे तक लगातार सोना शुरू करते हैं।

जब बच्चा जगा रहे तो उसे प्रकाशमय जगह में रखना चाहिए, जिससे रात के अंधेरे में उसे दिन–रात का अंतर समझ में आए। इस प्रकार रात में उसे सोने में मदद मिलती है। अन्यथा अनेक माताओं की तरह आप भी शिकायत करती नजर आएंगी कि आपका बच्चा रात में जगा रहता है, तथा दिन में सोता है।

ज्यादातर नवजात 2–3 माह में रात और दिन में अंतर करना जान लेते हैं।

रात में बच्चे को दूध पिलाते समय उससे बातें न करें और रोशनी कम रखें।

बच्चे को सुलाना कहां चाहिए और क्या सावधानियां बरतनी चाहिए?

बच्चा माँ के पास सोने पर अपना तापमान और सांस लेना अधिक नियमित कर पाता है और सुरक्षित महसूस करता है। लेकिन सबसे बड़ा खतरा है कि माँ यदि बच्चे के ऊपर करवट ले लेती है तो बच्चे का दम घुट सकता है, खास कर यदि बिस्तर छोटा हो।

अगर बिस्तर पर दो लोगों की पर्याप्त जगह न हो तो शिशु को पालने में सुलाना बेहतर होगा पालना उसी कमरे में हो, आरामदायक, साफ सुथरा होना चाहिए। पालने में ज्यादा तकिए, नुकीली चीजें, खिलौने, रस्सीनुमा वस्तुएं नहीं होनी चाहिए।

इन सब से दुर्घटना होने की संभावना, जैसे हाथ पैर उलझना, दम घुटना आदि हो सकता है।

बच्चे को पेट के बल न सुलाएं।

मेरा नवजात शिशु रात में बार–बार नींद से जग जाता है। क्या यह सामान्य बात है?

हां। सामान्यत: नवजात 16–17 घंटे सोता है। हरेक 2–3 घंटे पर स्तनपान के लिए उठता रहता है। फिर सो जाता है। 2–3 माह का हो जाने पर उसका रात में जगना कम हो जाता है।

कुछ बच्चे दो वर्ष के होने पर भी, बिना भूख लगे भी, 2–3 बार रात में जगते हैं।

शिशु के कपड़े ढीले ढाले हों, बढिया डायपर्स या लंगोट हों, और मच्छर से बचाव होना चाहिए।

जैसे ही बच्चा ऊंघने लगे, उसे बिस्तर पर लिटा दें तथा खुद सोने दें। सोने के लिए उसे थपथपा दें। अगर आप उसे झुलाती हैं, लोरी सुनाती हैं, तो वह हमेशा इसकी उम्मीद करने लगेगा।

सुलाने के लिए अधिक झुलाना, घुमाना आप को भी थका देगा।

आप को स्वयं भी बच्चे के साथ सोने की आदत डालनी पड़ेगी नहीं तो आपकी नींद पूरी नहीं होगी।

Swaddling क्या होता है?

पैदा हुआ नवजात शिशु कई बार हाथ पैर चला सकता है जिससे उसकी स्वयं की नींद उचट सकती है, सोते-सोते शिशु चौंकता भी है।

Swaddling एक प्रक्रिया है जिससे एक नवजात शिशु को 1½ - 2 महीने तक एक नरम मुलायम सूती कपड़े में लपेटा जा सकता है। इससे उसकी अनचाही Movements/हरकतें नहीं होंगी और शिशु आराम से सो सकेगा। यह प्रक्रिया दो माह से अधिक न करें और ध्यान रहे कि शिशु को गर्मी न लगे।

Swaddle किस प्रकार कर सकते हैं?

एक साफ नरम सूती कपड़ा लें। उसे बिस्तर पर ईंट (Diamond) ◇ के आकार में बिछाएं। ऊपर का किनारा मोड़े जिससे बच्चे की गर्दन इस मुड़े

हुए हिस्से पर आए। दाहिने कोने को उठा कर बच्चे के दाहिने हाथ और छाती पर से ले कर बाईं तरफ पीठ तक ले जा कर मोड़ दें।

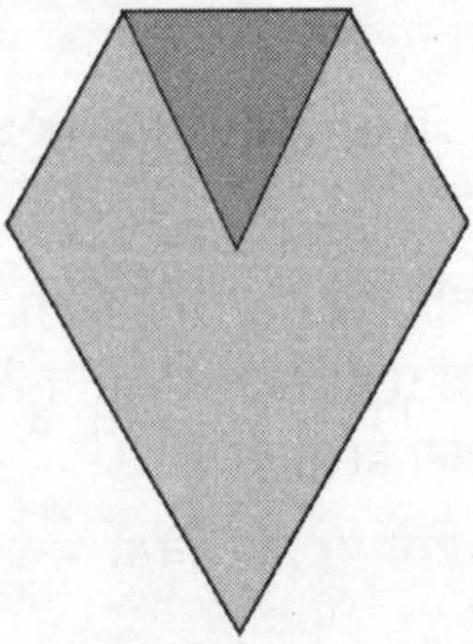

नीचे का कोना उठाएं, पैर और छाती, पेट पर से होते हुए दाहिने कंधे के नीचे दबाएं। आखिर में बाएं कोने को बाएं हाथ को सीधा करके उसके ऊपर से शिशु के ऊपर से दाहिने तरफ पीछे को ले जाएं।

8

बच्चे का पहनावा तथा शरीर के तापमान का नियंत्रण

बच्चे को सुखद आरामदेह तापमान पर रखने के लिए उपयुक्त पहनावा चाहिए।

कभी–कभी माता-पिता अस्पताल में बच्चा ले कर आते हैं और कहते हैं कि उसके पैरों की उंगलियाँ नीली पड़ गई हैं।

कारण होता है पैरों में कसे हुए मोजों को पहनाना।

इसी प्रकार बच्चे के शरीर के हल्का गरम होने पर बुखार होना समझ लिया जाता है।

इस संबंध में प्रश्न–उत्तर के रूप में विभिन्न जानकारियां उपयोगी होंगी:—

बच्चे को आरामदेह लगने के लिए किस प्रकार का पहनावा चाहिए?

बच्चे को गरम एहसास के लिए, अगर कमरे का तापमान 27°C या अधिक हो, तो हल्का सूती शर्ट तथा पजामा काफी है।

जाड़े के दिनों में ऊनी–सूती मिलावट वाला कपड़ा पहनाएं। कमरे का तापमान अगर 27°C से कम हो, तो एक अतिरिक्त वस्तु पहनाएं।

बच्चे के कपड़े ऐसे हों कि पहनाने/उतारने में आसानी हो।

अगर कमरे का तापमान 20°C से कम हो, तो उसे सिर की टोपी, मोजा, तथा दस्ताना भी दो सामान्य कपड़ों के अलावा पहनाएं तथा कम्बल से ढक कर रखें। मोजा तथा दस्ताना चुस्त होने से रक्त प्रवाह में बाधा होती है, जिससे बच्चे को गंभीर समस्या हो सकती है।

गर्मी के मौसम में बच्चे को अपेक्षाकृत ठंडी जगह पर रखें, अन्यथा उसे बुखार आ सकता है, पानी की कमी भी हो सकती है।

समय से पहले जन्म लेने वाले बच्चे के लिए काफी सचेत रहना चाहिए, क्योंकि ऐसे बच्चे के शरीर में स्वत: तापमान नियंत्रित रखने की क्षमता कम होती है।

माँ को कैसे पता चले कि बच्चा आरामदेह महसूस कर रहा है?

उसके हाथ, पांव को छू कर देखें। अगर ठंडा हो, अथवा देखने में पीला या नीला हो, तो समझ जाएं कि उसका पहनावा अपर्याप्त है।

शिशु को खिड़की के सामने या पंखे के बहुत पास न रखें, खास कर अगर ठंडी हवा चल रही हो।

अगर बच्चे को बुखार आ जाए तो क्या करना चाहिए?

कभी–कभी शरीर गरम होने का कारण वातावरण की गर्मी या अपर्याप्त स्तनपान हो सकता है। अगर ऐसा हो तो शिशु को ठंडी जगह पर रखें तथा पर्याप्त दूध पिलाएं। इसके एक घंटा बाद भी अगर देह गरम लगे तो डॉक्टर से सलाह लें। अगर बच्चे को ज्यादा गरमी या गरम शरीर के बावजूद हाथ–पैर ठंडा लगे, तो डॉक्टर को दिखाएं। उसका बुखार संक्रमण के कारण हो सकता है।

बच्चे के कपड़े कैसे होने चाहिए?

बच्चे के कपड़े नरम, आरामदायक और जहां तक हो सके कृत्रिम धागे के न हों।

मेरा शिशु 5 माह का हो गया है। मैं उसे इतने कपड़ों में रखती हूं कि जाड़े के मौसम में भी उसे पसीना आता है। इसके बावजूद जाड़े के मौसम में उसे सर्दी–जुकाम हो जाता है। गर्मी के मौसम में भी उसे जुकाम होता है। क्या करें?

उसे आवश्यकता से अधिक कपड़े नहीं पहनाएं। ज्यादा कपड़े पहना कर उसे सर्दी–जुकाम से नहीं बचा सकती हैं। साधारण सर्दी हवा में मौजूद वाइरस के संक्रमण से होती है। इससे बचने का उपाय साफ सुथरा रहना है। हाथ बार-बार तथा अच्छी तरह धोएं। भीड़-भाड़ वाली जगह से बच्चे को

दूर रखें। घर में खुली हवा का संचार हो, घर साफ सुथरा रखें। कूलर/AC साफ रखें। गलीचे वगरह साफ रखें तथा धूप अच्छे से दिखाएं।

जुकाम से बचाने के लिए शिशु के शरीर की प्रतिरोधक क्षमता को मजबूत करना होगा। इसके लिए ही पहले के पन्नों में बताया गया है कि शिशु को स्तनपान कराने से यह क्षमता उसके शरीर में आती है।

■■■

9

त्वचा, सिर का ऊपरी भाग तथा सिर के ऊपर के केश

जन्म के बाद जब शिशु के शरीर का तापमान स्थिर हो जाए तो अस्पताल में शिशु के मुँह, सिर आदि पर से खून इत्यादि साफ रुई और gauze से हटाया जाता है और बाद में उसे नहलाया जा सकता है। उसके शरीर से चिपके हुए सफेद पदार्थ को जोर लगा कर हटाना नहीं चाहिए। एक दो दिन में वह अपने आप हट जाता है। नहलाते वक्त की कुछ सावधानियां--

- नहलाने का पानी हल्का गरम होना चाहिए।
- नहलाते समय बच्चे के सिर को हमेशा एक हाथ से सहारा दें।
- साबुन हल्का क्षारीय (alkaline) होना चाहिए। साफ सुथरे स्पंज से पानी के साथ सफाई काफी है। साबुन आवश्यक नहीं है।
- अगर शिशु का वजन 2 kg से कम हो तो साबुन लगाने के लिए कम से कम एक सप्ताह रुक जाएं।
- चेहरे को स्पंज से साफ करें, पानी का छींटा नहीं मारें। चेहरे पर साबुन नहीं लगाएं।
- ध्यान रखें कि शिशु की आँखों, मुँह, नाक, कान में पानी नहीं जाए।

पेशाब अथवा मल साफ करने के लिए गीली रुई या बिना दवाई के wipes से हल्के हाथ से पोंछें और आगे-पीछे की तरफ साफ करें ताकि कोई भी संक्रमण मल द्वारा बाकी जगह न लगे।

मालिश करना—

शिशु के शरीर पर तेल मालिश करना बहुत अच्छा है। इससे उसकी त्वचा को सुरक्षा मिलती है—नमी को बनाए रखने में मदद मिलती है। शिशु को मालिश से मजा आता है, जिस प्रकार हम सभी को आता है। मालिश के लिए ऑलिव (olive) तेल या नारियल के तेल का उपयोग किया जाना चाहिए।

ध्यान रखें कि मालिश के दौरान शिशु के आँख, नाक, कान में तेल नहीं जाए।

हमेशा हल्के हाथ से मालिश करें।

मालिश से माँ और शिशु का आपसी प्यार भी बढ़ेगा।

आटा, बेसन और हल्दी का लेप न लगाएं। लोग इसे शिशु के नरम बाल उतारने के लिए प्रयोग करते हैं। वे अपने आप भी उतर जाएंगे। कई बच्चों को इस से लाल दाने भी निकल सकते हैं।

क्रीम, मलहम आदि बच्चे के शरीर पर नहीं लगाएं।

आँखों में काजल कभी न लगाएं। इससे हानि हो सकती है।

सर्दियों में बच्चों की कोई क्रीम नहाने के बाद लगाई जा सकती है जिससे त्वचा नरम व मुलायम बनी रहे।

यह निश्चित कर लें कि क्रीम से बच्चे को कोई ऐलर्जी तो नहीं।

पाउडर लगाना—शिशु की त्वचा के लिए ज्यादा पाउडर लगाना ठीक नहीं है। इससे त्वचा पर रोम छिद्र बंद हो जाएंगे। पसीना नहीं निकलने के कारण त्वचा पर चकत्ते बन सकते है। अच्छा हो कि पाउडर केवल शिशु की गर्दन, बाहों के नीचे कांख में, कमर के नीचे काछ में अर्थात् जहां–जहां त्वचा आपस में रगड़ खाती है, वहां लगाएं।

मेरे बच्चे के हाथ नीले दिखते हैं। वैसे वह स्वस्थ है। क्या करूं?

यह कोई समस्या नहीं है। हर नवजात शिशु के साथ पहले कुछ दिन ऐसा होता है।

मेरे शिशु की पीठ और कूल्हों पर काले-सलेटी रंग के धब्बे से हैं। क्या यह समय के साथ हट जाएंगे?

इन धब्बों को Mongolian Spots (चित्र 21) कहते हैं। यह बहुत से बच्चों में हो सकते हैं। यह एक साल तक की उम्र में स्वत: हट जाएंगे। कभी-कभी 2-3 साल तक रह सकते हैं।

मेरे शिशु के चेहरे पर नाक और गाल के पास मोती जैसे सफेद दाने हैं। ये क्या हैं?

इन्हें 'मिलिया' 'Milia' कहते हैं। यह स्वत: कुछ हफ्ते में गायब हो जाते हैं।

मेरा शिशु चार दिन का हुआ है। उसके समूचे शरीर पर लाल रंग का चकत्ता दिख रहा है, जिसकी पीली चोंच है?

अनेक शिशुओं में दूसरे या तीसरे दिन (जन्म के बाद) ऐसा होता है। परन्तु एक सप्ताह में यह चकत्ता गायब हो जाता है। अत: चिंता की कोई बात नहीं है। अगर चकत्ते बड़े आकार के हों, तथा शिशु अस्वस्थ लग रहा हो तो डॉक्टर को दिखाएं। इसे 'Erythema toxicum' कहते हैं।

मेरा बच्चा एक महीने का है। उसके चेहरे पर लाल रंग के दाने भर गये हैं। क्या करें?

शिशु के चेहरे पर बच्चे में होने वाले बर्रे (acne) हो गये हैं। कुछ महीनों में यह स्वत: समाप्त हो जाएगा। चेहरे को रोजाना साबुन से एक–दो बार साफ किया करें। किसी प्रकार का क्रीम या लोशन का प्रयोग नहीं करें। अगर बर्रे का आकार बड़ा हो तथा लाल एवम् नोक पर पीलापन हो, तो डॉक्टर को दिखाएं, क्योंकि यह संक्रमित हो गया लगता है।

मेरे शिशु की पीठ पर काला तिल है। क्या चिंता की बात है?

कुछ तिल तो अहानिकारक हैं, परन्तु यह कैन्सर में भी परिवर्तित हो सकता है। डाक्टर की सलाह लें।

मेरे बच्चे की पीठ के निचले हिस्से में बड़ा गढ्ढा है। क्या यह समस्या है?

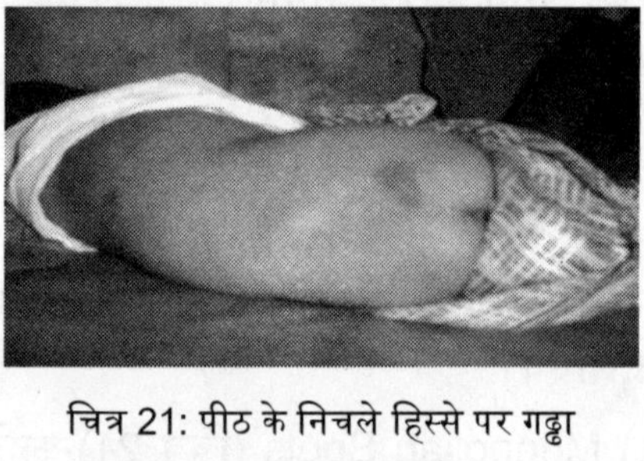

चित्र 21: पीठ के निचले हिस्से पर गढ्ढा

कभी–कभी यह रीढ़ की हड्डी में गड़बड़ी की तरफ इशारा करता है। डॉक्टर को दिखाएं।

मेरे बच्चे की उम्र तीन दिनों की है। उसके हाथ तथा पैर की त्वचा की ऊपरी परत उखड़ रही है। मैं क्या करुं?

जन्म के बाद ऐसा होना साधारण बात है। त्वचा की तेल लगा कर मालिश करें।

मेरे एक माह की शिशु के सिर के बाल उड़ गए हैं। क्या करें?

कोई घबरानेकी बात नहीं है। केश फिर आ जाएंगे।

मेरे बच्चे के चेहरे पर बाएं हाथ को एक लाल सा निशान है। क्या करूं?

इस प्रकार का कोई भी निशान नवजात शिशु में एक डाक्टरी जांच जरूर मांगता है। कुछ निशान बढ़ कर बड़े हो सकते हैं और आंख तक पहुँच सकते हैं।

मेरे शिशु के सिर पर पीले से scales/परतें जमी हैं। क्या यह fungal संक्रमण है?

नहीं। इसे cradle cap कहते हैं। कुछ दिनों में यह अपने आप हट जाएगा। olive oil में 2% salicylic acid मिलाकर या बच्चों के shampoo से सिर को धो सकते हैं पर डाक्टर की सलाह जरूर लें।

मेरे नवजात शिशु के शरीर पर बहुत बाल हैं। क्या करूं?

आप को कुछ नहीं करना। वे स्वयं चले जाएंगे।

■■■

10

बच्चे को पहनाने वाले डायपर से त्वचा पर दाने आना

इसको आसानी से रोका जा सकता है। घर से बाहर जाने पर ही डायपर पहनाएं। शरीर के उस भाग को सूखा रखें। उसे खुला रख कर हवा लगने दें। डायपर भीगने पर बदल दें। घर में आप रुई और gauze के छोटे चौकोर पैड बना सकते हैं जिन्हें शिशु के कूल्हे के नीचे रखें। मल करने पर या खराब होने पर उसे फेंक सकते हैं।

शिशु के लिए किस प्रकार का डायपर ठीक रहेगा?

अच्छे गुणवत्ता वाले कॉटन के डायपर का प्रयोग करें। उसे साबुन से साफ करके अच्छी तरह पानी से धो कर अंत में डिटॉल से धो दें। फिर धूप में अच्छी तरह सुखा लें। अगर 'Disposable' डायपर इस्तेमाल करें तो बढिया बिना खुशबू वाले इस्तेमाल करें।

अगर डायपर से त्वचा पर दाने आ जाएं तो क्या करें?

जिंक ऑक्साइड क्रीम दो बार रोजाना लगाने से, तथा त्वचा को शुष्क रखने तथा गीला डायपर बदल देने से दाने सूख जाते हैं।

अधिक समय तक एक ही डायपर न पहना कर रखें।

अगर ये दाने संक्रमित हो जाएं तो समस्या गंभीर है। डॉक्टर के पास जाएं।

11

शिशु को स्नान कराना

नवजात को स्नान कराने के पहले इसकी विधि अनुभवी माताओं से जान लें।

जन्म के ठीक बाद जब तक नाभि के ऊपर का कटा हुआ नाल सूख कर गिर न जाए तब तक केवल स्पंज से शरीर पोंछा करें। स्पंज को गरम पानी में भिंगो लें। कुछ सप्ताह तक साबुन या शैम्पू का उपयोग नहीं करें।

अगर शिशु 3 सप्ताह से अधिक समय गर्भ में पूरा होने से पहले जन्मा (Preterm) हो तो साबुन का प्रयोग करने में और ज्यादा देर करनी चाहिए।

स्नान कराने से पहले निम्नलिखित चीजें पहले तैयार रखें:—

- शिशु स्नान–टब
- मुलायम तौलिया
- साफ–सुथरा स्पंज या कॉटन का कपड़ा
- कॉटन का गोला
- शिशु का साबुन—1000 alkalinity
- शिशु का शैम्पू
- साफ–सुथरी ड्रेस तथा नैपी
- हल्का गरम पानी

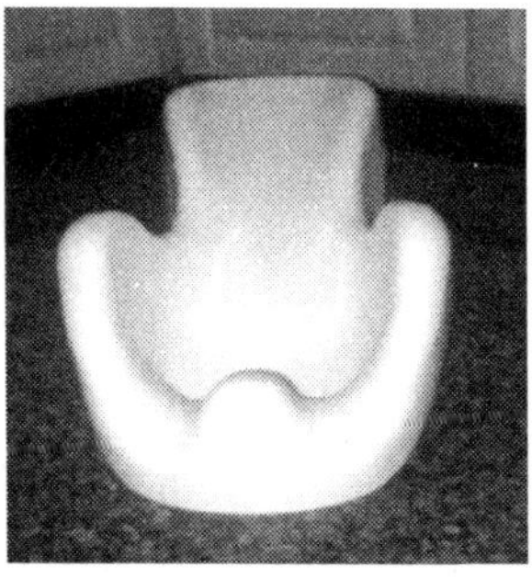

चित्र–22

शिशु को किस तरह नहलाएं।

1. शिशु के कपड़े उतार लें। स्नान कराने की जगह ठंडी नहीं हो।
2. शिशु के सिर को एक हाथ की तलहथी से सहारा देते हुए दूसरे हाथ के सहारे शिशु को टब में रखें। सिर को धड़ से ऊंचा रखें। बच्चे का मुँह आपकी तरफ हो।

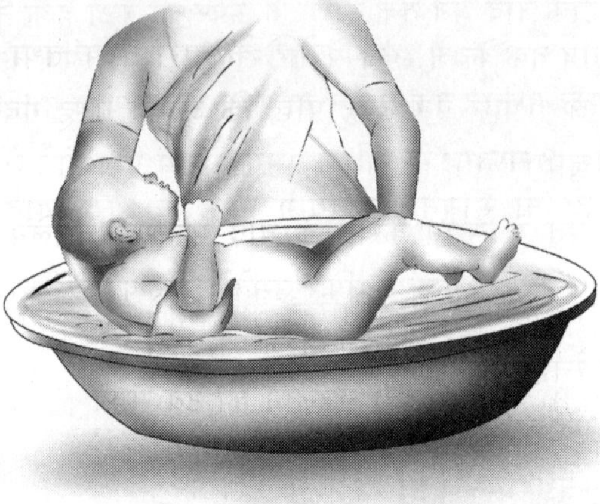

चित्र–23 : शिशु को नहलाना

3. शिशु की आँखों को नाक की तरफ से दूसरी तरफ भीगे कॉटन बॉल को ले जाते हुए पोंछें। दोनों आंखों के लिए अलग-अलग कॉटन बॉल इस्तेमाल करें।

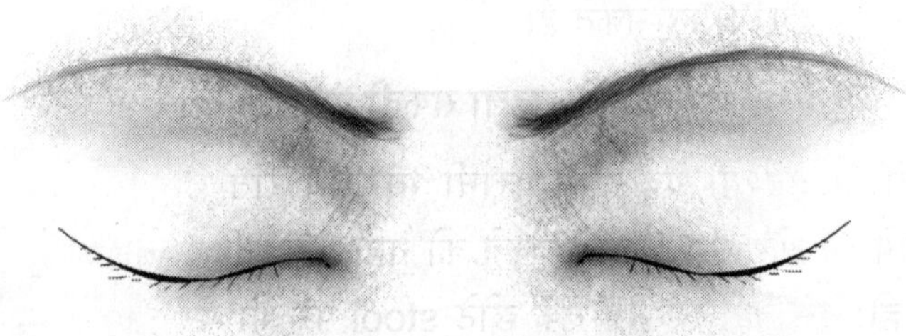

चित्र–24

4. कॉटन के कपड़े को हल्के गरम पानी में भिगोएं, निचोड़ें। उससे शिशु के चेहरे को पोंछें, फिर गर्दन, सिर, कान के पीछे के भाग को।

फिर हाथों तथा पैरों को पोंछे।

सिर के ऊपर शैम्पू लगा कर अच्छी तरह धोएं—कॉटन के कपड़े से पानी निचोड़ कर, इस तरह कि कान, चेहरे पर पानी बह कर नहीं जाएं।

अब उसके शरीर को हाथ–पैर को, बांहों को पोंछें। धड़ पर साबुन लगाएं, फिर हाथों और पैरों पर। उसके बाद कॉटन के भीगे कपड़े से पानी निचोड़ कर अच्छी तरह साबुन से धो लें।

फिर, अंत में उसकी योनि के चारों तरफ तथा मल द्वार के आस पास इस तरह पोंछें कि अच्छी तरह गंदगी साफ हो जाए।

अंत में स्नान कराने के बाद मुलायम तौलिये से शिशु के शरीर को सुखा दें। फिर उसके शरीर को तौलिये में लपेट कर ड्रेस पहनाने के लिए ले जाएं। बच्चे को कभी गीले, चिकने हाथों से न पकड़ें। नहलाने का टब साफ हो और चिकना न हो।

कितने समय के अंतराल पर शिशु के सिर के ऊपरी भाग को धोएं?

सप्ताह में एक या दो बार। जब वह एक महीने का हो जाए, तो धीरे–धीरे, बारी–बारी से कॉटन का गोला, स्पंज, सूती कपड़ा, भिगोने के लिए प्रयोग में लाने वाले कॉटन को लेना बंद कर सकते हैं। फिर हाथों से रगड़ कर शरीर को साफ कर सकते हैं।

क्या मैं बच्चे को बिना टब के नहला सकती हूं?

जी हां अवश्य। यह बहुत पुरानी भारतीय रीत है—माँ अपनी टांगों पर आगे की ओर सीधा करके बच्चे को नहला सकती है बशर्ते सिर धड़ से ऊपर हो। इस के लिए पैर एक छोटे stool पर भी पैर रख करके उनको थोड़ा सा बीच में से खोल कर बच्चे को नहला सकती हैं। पानी पैरों के बीच से निकल जाएगा।

शिशु की तेल मालिश कैसे करें? क्या मालिश करना जरूरी है?

स्नान कराने के पहले तेल मालिश करना अच्छा होता है। olive या नारियल तेल की मालिश करें। हल्दी, बेसन के मिक्सचर का मालिश के लिए उपयोग नहीं करें। इससे त्वचा पर चकत्ते आ सकते है। ध्यान रहे तेल आंख, नाक, कान में न जाए।

■■■

12

शिशु का सिर

बच्चे के सिर में मस्तिष्क का ज्यादातर विकास 2 वर्ष की उम्र तक हो जाता है और चार वर्ष की उम्र तक पूरा हो जाता है। सिर का आकार नियमित अंतराल पर नापते रहना होता है जिससे पता चले कि मस्तिष्क का विकास सामान्य गति से हो रहा है या नहीं।

शिशु अपना सिर संभालना कुछ–कुछ तीन माह के होते–होते शुरू कर देता है। पांच माह के होने पर वह पूरा संभालने लगता है। तब तक शिशु के सिर तथा गर्दन को सावधानी से संभालना चाहिए।

अभी–अभी बच्चा पैदा हुआ है। उसके सिर के ऊपर कुछ फूला–फूला दिख रहा है। यह क्या है?

ऐसा शिशु की खोपड़ी में पानी जमा होने से होता है। यह सामान्य स्थिति होती है जो दो–तीन दिनों में ठीक हो जाती है। कभी–कभी खून जमा होने से स्वत: ठीक नहीं होता है तब डॉक्टर को दिखाना चाहिए।

शिशु की खोपड़ी पर समतल अंदर की तरफ धंसा हिस्सा दिखता है। क्या यह सामान्य स्थिति है?

हां। खोपड़ी की हड्डियों के बीच दूरी होने से ऐसा होता है जो उम्र के साथ भर जाता है। सिर के आगे के तरफ का 18 माह की उम्र का होते–होते, तथा सिर के पीछे वाला 6 से 8 सप्ताह में। इससे ज्यादा समय होने पर डॉक्टर को दिखाएं।

मेरा नवजात शिशु सिर हमेशा बाईं तरफ रखता है। क्या दबे हुए सिर के हिस्से में आकार चपटा हो सकता है?

तौलिये को गोलाकार लपेट कर उस तरफ सिर के बगल में रख सकते हैं। इससे वह सिर उस तरफ घुमा नहीं पाएगा।

अगर सिर का वह भाग चपटा हो भी जाए, तो बच्चे के बड़ा होने पर यह सही आकार का हो जाता है।

चित्र 25

लगता है कि शिशु का सिर आकार में बड़ा है। क्या सब ठीक है?

साधारणतया मोटे–तगड़े शिशु का सिर भी बड़ा होगा। सिर का आकार बड़ा होने का कारण अनुवंशिक भी हो सकता है।

असाधारण रूप से आकार में बड़े सिर से कुछ गड़बड़ होने का संकेत होता है। वैसी हालत में डॉक्टर के पास जाएं।

■■■

13

शिशु के मुँह की देखभाल

नवजात शिशु के मुँह की देखभाल की जरूरत नहीं होती है जब तक वह 5–6 माह का नहीं हो जाता।

अगर दूध पीने की वजह से जीभ पर मोटी परत जम जाती है, तो आप मुलायम, साफ कपड़े से जीभ पोंछ कर साफ कर दें।

कभी–कभी शिशु के मुँह में दही जैसी दिखने वाली परत जम जाती है। यह फंगस के संक्रमण के कारण होता है। ऐसा होने पर डॉक्टर को दिखाए। माँ के स्तन पर भी संक्रमण हो सकता है।

मेरी बच्ची तीन सप्ताह की हो गई है। उसके ऊपरी होठ के बीचों–बीच फुंसी हो गयी है। यह क्या है?

यह खुद–ब–खुद चली जाएगी। चिंता नहीं करें।

शिशु के ऊपरी तालू में छोटे–छोटे सफेद मोती जैसे दाने दिख रहे हैं। ये क्या हैं?

इसे एप्सटीनस मोती कहते हैं। कुछ सप्ताह में ठीक हो जाएंगे। इसी तरह के दाग मसूड़ों पर भी दिख सकते हैं।

मेरे शिशु के ऊपरी तालू में दरार है। क्या करें?

डॉक्टर को दिखाएं। ऑपरेशन की जरूरत हो सकती है। यह साल भर से पहले होता है।

शिशु का ऊपरी होंठ फटा हुआ है। ऐसा जन्म के समय से ही है। क्या होगा?

इस कारण स्तनपान में दिक्कत होगी। डॉक्टर से बात करें। हो सकता है ऑपरेशन करना पड़े। यह दूध पीने में बाधा पैदा कर सकता है। इस का आपरेशन 3 महीने से पहले होगा।

मेरे शिशु के एक माह का होने पर एक दांत निचले जबड़े पर निकल आया है। क्या करें?

डॉक्टर की सलाह लें।

नवजात के मुँह में निचले मसूड़े पर दो दांत जन्म के समय से ही हैं। क्या इन्हें उखड़वाना पड़ेगा?

डॉक्टर से सलाह करें।

■■■

14

नाक और कान

कुछ जरूरी प्रश्नों के उत्तर नीचे दिए गए हैं:—

नवजात 2 सप्ताह का हो गया है। उसकी नाक कभी–कभी भर जाती है। श्वास लेने में दिक्कत होती है। क्या करें?

यह सामान्य बात है। नाक में डालने वाला नमक का घोल ले लें। नाक में कुछ बूंदें डालें। (Normal saline nasal drops) दो बूंद दोनों छिद्रों में डालें। बच्चा गोद में ऐसे हो कि उसका सिर बाकी धड़ से थोड़ा नीचे हो। दूध पिलाने के तुरंत बाद दवाई न डालें।

कभी–कभी भरी नाक के कारण नाक से कान को जोड़ने वाली नली का रास्ता बंद हो जाने से कान में दर्द होने लगता है। शिशु को परेशानी होने लगती है। अगर शिशु को बुखार या कफ भी हो, या जोर–जोर से श्वास खींच रहा हो तो डॉक्टर को दिखाएं।

नवजात अक्सर छींकने लगता है। दवा देनी पड़ेगी?

नहीं। नवजात में यह सामान्य बात है।

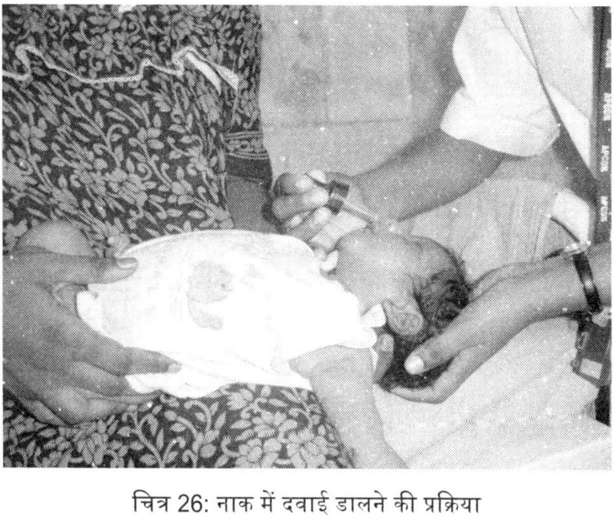

चित्र 26: नाक में दवाई डालने की प्रक्रिया

शिशु एक माह की हो गई है। जब श्वास खींचती है तो आवाज होती है। क्या समस्या है?

नाक भरी हुई हो सकती है। नाक में नमक का घोल डालें। अगर जन्म से ही श्वास लेते समय आवाज हो रही हो तो डॉक्टर की सलाह लें। हो सकता है श्वासनली में कमजोरी हो। अगर शिशु बीमार लग रहा हो, बुखार हो, कफ हो, तथा बच्चा बेचैनी महसूस कर रहा हो तो शीघ्र डॉक्टर को दिखाएं। घर को धूल–गर्द, आदि से बचा कर रखें, जिससे ऐलर्जी के कारण श्वासनली या फेफड़े में संक्रमण नहीं हो।

मेरे बच्चे के कान बाहर की तरफ निकले हुए हैं। क्या करें?

कानों को बैंडेज से सिर के साथ सटा कर बांध दें। डॉक्टर से भी सलाह लें।

शिशु के कान पर अतिरिक्त ग्रोथ है। यह क्यों है?

अधिकांश यह कुछ नहीं होता। केवल देखने में बुरा लग सकता है। परन्तु कई बार यह गुर्दे में दोष, तथा सुनने में दोष के साथ हो सकते हैं। डाक्टर की सलाह लें।

बेटी का कान कब छिदवाना चाहिए?

एक माह की उम्र में भी कर सकती हैं। कम उम्र में दर्द कम होगा। लेकिन एक समस्या है कि बच्ची की उम्र बढ़ने पर कानों का छेद टेढ़ा–मेढ़ा हो सकता है। ऐसा होने पर प्रक्रिया दोबारा करनी पड़ेगी। यह प्रक्रिया 'gun' द्वारा की जा सकती है। इससे संक्रमण होने की संभावना कम होती है।

मेरा बेटा छः माह का है। मुझे लगता है कि वह आवाज सुन कर प्रतिक्रिया नहीं दिखाता है। वह आवाज आने की दिशा में सिर नहीं घुमाता है। यह क्या है?

आपको शीघ्रातिशीघ्र डॉक्टर के पास जाना चाहिए। देर नहीं करें। 4 साल तक का होने पर अधिकांश दिमाग का विकास हो चुका होता है। इन्हीं 4 वर्षों में बच्चा अधिकांश भाषा/बोली सीखता है। यदि सुनने में कोई कमी होगी तो वह Language function में पीछे रह जाएगा।

■■■

15

आँखें

शिशु जन्म लेने के बाद से ही देखने की क्षमता से युक्त होता है। तेज रोशनी में वह आँखें बंद कर लेता है। यह देखने की क्षमता का उदाहरण है।

एक से डेढ़ महीने के बाद वह अपनी माँ के चेहरे पर एक टक देखने लगता है। चार माह के होने पर दोनों आँखों की दृष्टि का तालमेल शुरू हो जाता है। उसके पहले दोनों आँखों की पुतलियाँ किसी वस्तु को एक साथ मिलकर नहीं देख पाती है।

अगर चार–पांच माह के होने के बाद दोनों आँखों की पुतलियां एक वस्तु पर केंद्रित नहीं हो रही हों तो आँख के डॉक्टर को दिखाएं।

नवजात शिशु के रोने पर आँसू नहीं निकलते हैं। इसमें दो माह का समय लग सकता है।

मेरा नवजात बच्चा 3 सप्ताह का हो गया है। उसके आँखों से लगातार पानी निकल रहा है। क्या करें?

तीन सप्ताह के हो जाने तक नवजात की आँखों में आँसू नहीं बनते हैं। लेकिन कुछ नवजात को महज पांच दिनों में ही आँसू बनने लगते हैं। ये आँसू आँखों को नाक से जोड़ने वाली नली से होकर नाक में चले जाते हैं। अनेकों बच्चों में इस नली में रुकावट होने के कारण आँसू आँखों से बहने लगते हैं। नाक को दबा–दबा कर मालिश करने से नली का प्रवाह खुल सकता है। यह प्रक्रिया आप डाक्टर से सीख सकते हैं।

अगर बच्चे के एक वर्ष की उम्र तक समस्या बनी रहे तो डॉक्टर को दिखाएं। हो सकता है कि ऑपरेशन कर के नली का रास्ता खोलना पड़े।

नवजात एक सप्ताह का है। उसकी दोनों आँखों की पुतलियां नाक की तरफ मुड़ी हुई प्रतीत होती हैं। क्या करना चाहिए?

अगर ऐसी समस्या हो तो कुछ बड़ा होने पर स्वत: पुतलियां सही जगह पर आ जाती हैं। इसमें चार माह लग सकते हैं।

अगर ठीक नहीं हुआ तो डॉक्टर को दिखाएं कि आँखों में भेंगापन तो नहीं है।

नवजात दो सप्ताह का हो गया है। रोने पर उसकी आँखों में आँसू नहीं आते हैं। क्या यह सामान्य स्थिति है?

हां/जन्म के बाद कुछ सप्ताहों तक आँसू नहीं बनते हैं।

नवजात शिशु के आँखों की पुतलियों पर सफेद दाग है। यह क्या है?

आँखों के डॉक्टर को दिखाएं। समस्या गंभीर हो सकती है।

शिशु का जन्म गर्भ के सातवें माह में ही हो गया है। डॉक्टर ने सुझाव दिया था कि उसकी आँखों को नियमित रूप से जांच करवाते रहूं। क्या यह जरूरी है?

हां। ऐसे Preterm बच्चों की आँखों में समस्या होने की गुंजाइश होती है। अगर ध्यान नहीं दिया जाए तो अंधापन भी हो सकता है।

चार महीने की बच्ची की एक आँख लाल हो गई है तथा पीलापन लिए पानी जैसा द्रव्य बह रहा है। क्या है?

कन्जक्टीवाइटिस अर्थात् आँखों में वाइरल संक्रमण हो सकता है।

डॉक्टर को दिखाएं।

■■■

16

नाभि

जन्म के बाद नवजात के नाल को नाभि के कुछ ऊपर से काट दिया जाता है, तथा कटे हुए छोर को धागे से बांध दिया जाता है। नीली दवा या स्पिरिट रोजाना लगा दिया जाता है। 5 से 10 दिनों में यह सूख कर गिर जाता है।

नाल गिरने तक नवजात को स्पंज भिगो कर स्नान कराया जाता है। नाल को भी पोंछ कर तौलिये से सुखा सकते हैं। अगर डायपर बांधते हैं तो ध्यान दें कि यह नाभि/नाल के संपर्क में नहीं आए। अगर नाभि से कुछ द्रव्य के जैसा स्राव हो रहा हो, या नाभि के आस–पास त्वचा लाल हो गयी हो तो शीघ्र डॉक्टर को दिखाएं। नाभि का संक्रमण गंभीर समस्या होता है।

मेरे बच्चे की नाभि बड़ी तथा बाहर उठी हुई है। क्या यह ठीक नहीं है?

यह स्थिति बच्चे की एक वर्ष की उम्र तक स्वत: समाप्त हो जाती है।

ज्यादा उम्र होने या ज्यादा बड़ा आकार होने पर ऑपरेशन करना पड़ सकता है।

थायरॉयड की गड़बड़ी की जांच भी करा लेनी चाहिए।

गुलाबी रंग का पानी सा शिशु की नाभि से आ रहा है और नाभि के आस-पास सूजन भी है।

इसे ‘umbilical granuloma’ कहते हैं। डाक्टर की सलाह लें।

■■■

17

छाती/सीना तथा योनिमार्ग

शरीर के इन दोनों भागों की अनेक प्रकार की बातों को लेकर माता–पिता के मन में शंका उत्पन्न होती है जिसके समाधान के लिए जानकारियों की जरूरत होती है। इसका दायरा विस्तृत है जिसमें सीने का आकार, योनिमार्ग से स्राव से लेकर नर बच्चे के अण्डकोष में गोली नहीं होने तक बहुत बातें आती हैं।

कुछ भ्रांतियां इस तरह की होती हैं:—

नवजात तीन दिनों का हो गया है। उसकी छाती फूली हुई है। यह क्या है?

ऐसा शिशु के खून में जन्म देने वाली माँ के खून से जाने वाले हारमोन से होता है।

दो-चार सप्ताह में यह सामान्य हो जाता है। फूली हुई छाती को दबाना नहीं चाहिए। अन्यथा उसमें संक्रमण हो सकता है। कभी-कभी तो फूली हुई छाती से दूध भी निकलता है।

अगर छाती का भाग लाल हो गया है, ज्यादा फूल गया है, तो डॉक्टर को दिखाएं।

नवजात बच्ची एक सप्ताह की है। चार दिनों से उसकी योनि से सफेद स्राव हो रहा है। क्यों?

ऐसा सामान्य है। दूसरे या तीसरे दिन से (जन्म के बाद) ऐसा हो सकता है। यह दो सप्ताह की उम्र तक होते रह सकता है। कभी–कभी स्राव में रक्त का कतरा भी हो सकता है। यह जन्म देने वाली माँ के हारमोन के शरीर से बाहर निकलने की प्रक्रिया होती है। अगर यह अवस्था जारी रहे तो डॉक्टर को दिखाएं।

मेरे बच्चे के अण्डकोष में एक तरफ ही गोली है। क्या करना चाहिए?

अगर छः महीने की उम्र तक यह अवस्था बनी रहे तो डॉक्टर को दिखाएं। इस का इलाज शिशु के 15 महीने के होने से पहले जरूरी है।

कभी–कभी बच्चे की जांघ के भीतरी भाग के ऊपर मालिश करने से गोली ऊपर उठ कर पेट में घुस जाती है। इसके लिए कुछ करने की जरूरत नहीं है। डाक्टर की सलाह लें।

■■■

18

यात्रा करना– नवजात बच्चे को लेकर

ऐसा नहीं करना बेहतर है। लेकिन अगर करना पड़े तो कुछ सावधानियां बरतनी चाहिए। जैसे बच्चे को भीड़–भाड़ से अलग रखें। समुचित वस्त्र पहना कर रखें। स्तनपान का रूटीन बनाए रखें। अगर सार्वजनिक स्थान में स्तनपान कराने में अच्छा नहीं लगे तो स्तन से दूध घर में ही निकाल कर साफ बर्तन में रख लें। निकाले हुए दूध को ठंडा रखें जिससे कम से कम चार–पांच घंटे तक यह बर्बाद नहीं हो।

यात्रा में क्या–क्या साथ रखें?

1. नाक में डालने वाला नमक का घोल
2. डायपर
3. पैरासिटामोल का सिरप–बुखार लगने पर पिलाने के लिए, डाक्टर की सलाह से दें
4. साफ, मुलायम कॉटन–मल साफ करने के लिए
5. हाथ साफ करने के लिए साबुन
6. ओ. आर. एस. का घोल–डायरिया होने पर पिलाने के लिए इस घोल को पैकेट पर छपी विधि अनुसार ही बनाएं
7. घोल बनाने के लिए उबाला हुआ पानी
8. इस्तेमाल किये हुए रुई, डायपर इत्यादि को फेंकने के लिए उपयुक्त थैली

हवाई यात्रा में जहाज के उड़ते तथा जमीन पर उतरते समय नवजात को स्तनपान क्यों कराना होता है?

क्योंकि दोनों समय कान में हवा नहीं घुसे तथा कान में दर्द न हो। हम सभी चॉकलेट इसी कारण चूसते हैं।

■■■

19

टीकाकरण

अनेक बीमारियों से प्रतिरोधक क्षमता विकसित करने के लिए शिशु का टीकाकरण आवश्यक होता है। इसका समय निश्चित होता है, इन टीकों को न लगवाने से बच्चे को ये संक्रमण रोग हो सकते हैं जिन का कुछ दुष्परिणाम भी हो सकता है जो जिंदगी भर ठीक न हो, जैसे :

1. जन्म के बाद अस्पताल में छुट्टी के पहले—BCG, OPV, Hepatitis B–1
2. जन्म के बाद 6 सप्ताह पर—OPV 1, DPT 1, Hepatitis B-2, Hib 1, Rotavirus 1, PCV 1
3. 10 सप्ताह पर —OPV 2, DPT 2, Hib 2, Rotavirus 2, PCV 2
4. 14 सप्ताह पर—OPV 3, DPT 3, Hib 3, Rotavirus 3, PCV 3
5. 6 माह पर—Hepatitis B-3
6. 9 माह पर—MMR 1
7. 12 माह पर—टायफॉइड, Hep-A 1
8. 15 माह पर—MMR 2, Varicella 1, PCV बूस्टर
9. 16 माह पर—Hib B 1, OPV बूस्टर –1, DPT बूस्टर-1
10. 18 माह पर—Hep-A 2
11. दो वर्ष पर—टायफॉइड बूस्टर
12. 5 वर्ष पर—OPV बूस्टर 2, DPT बूस्टर 2, टायफॉइड का टीका, Varicella 2
13. 8 वर्ष पर तथा हरेक 3 वर्ष पर—टायफॉइड का टीका
14. 10 वर्ष पर तथा हरेक 5 साल पर—TT बूस्टर

कुछ महत्वपूर्ण बातें:—

1. हीमोफिलस इनफ्लूऐन्जा B टीका (HIB) जो शिशु को मेनिनजाइटिस (मस्तिष्क की बीमारी) के लिए जिम्मेदार HIB बैक्टीरिया से सुरक्षा देता है, अत्यंत महत्वपूर्ण टीका है।

टीकाकरण के प्रोग्राम में इसे भी शामिल किया जाना चाहिए।

2. हेपेटाइटिस A, चिकेन पॉक्स, फ्लू, रोटा वाइरस, न्यूमोनिया का टीका मर्जी पर है।

टीका दिलाने के बाद कुछ सावधानियां बरतनी चाहिए, जैसे—

- टीका लेने की जगह को रगड़ें नहीं।
- वहां पर कोई मलहम आदि नहीं लगाएं।
- पोलियो की बूंदें देने के बाद एक घंटे तक कुछ गरम पेय या खाने का सामान नहीं दें।

  स्तनपान करा सकते हैं।

कुछ बच्चों में कुछ गड़बड़ी हो सकती है, जैसे—

- हल्का बुखार।
- टीका दिए जाने वाली जगह पर फूलना तथा लाल हो जाना। ऐसी स्थिति में पैरासीटामोल सिरप दे दें। डाक्टर की सलाह लें।
- गंभीर समस्या, जैसे बेहोशी का दौरा, बहुत ही कम होता है। परन्तु, अगर ऐसा हो जाए तो तुरंत डॉक्टर के पास ले जाएं तथा इस स्थिति का जिम्मेवार टीका दुबारा नहीं दिलाएं। अन्यथा शिशु के लिए जान लेवा भी हो सकता है।

कुछ और जानकारियां—टीके के बारे में:—

- DaPT कम दर्द तथा बुखार का कारण होता है बनिस्बत DPT के। परन्तु यह महंगा है। DaPT से गड़बड़ भी कम होती है।
- पोलियो की बूंद की जगह पर सुई भी आती है, जो अपेक्षाकृत ज्यादा सुरक्षा देता है। लेकिन यह महंगा होता है।

  अत: मुँह से देने वाली पोलियो की बूँद (Oral Polio Vaccine) अर्थात् OPV के अतिरिक्त सुई से देने वाला पोलियो का टीका भी दे सकते हैं—बशर्ते खर्च सहन कर सकें।
- आजकल अनेक टीके दो या अधिक को मिला कर तैयार किये जाते हैं जिससे बार–बार इस टीके को देना नहीं पड़ता है।

क्या बीमारियों की जानकारी दे सकते हैं, जिनका टीका होता है?

वे सब इस प्रकार हैं:—

1. BCG — T.B. से सुरक्षा के लिए। इसे दिये गए स्थान पर तीन महीने तक एक निशान सा पड़ जाता है। TB कहीं की भी हो सकती है—फेफड़ों की, मस्तिष्क की। यह जानलेवा भी हो सकती है।

2. OPV — पोलियो की मुँह में पिलाने वाली बूंदें। पोलियो से हाथ, पैर का अधरंग/Paralysis हो सकता है। यह मस्तिष्क पर भी असर कर सकता है और कभी-कभी जान भी जा सकती है।

3. DPT — डिफ्थिरिया, परट्यूसीस (कुकुर खांसी) तथा टेटनस का टीका। यह तीनों बीमारी बहुत घातक सिद्ध हो सकती हैं।

4. Hepatitis B — लीवर की बीमारी जिससे पीलिया होता है। यह बीमारी संक्रमित खून के किसी बाहरी स्रोत से शरीर के खून में मिल जाने से होती है। यह पीलिया माँ से बच्चे में, यौन संबंध से, या किसी इस्तेमाल की हुई सुई अथवा डाक्टरी औजार से किसी भी उम्र में कभी भी हो सकता है।

5. HiB — मेनिनजाइटीस से बचाव का टीका। यह न्यूमोनिया से भी बचाव करता है।

6. MMR — मीजल्स, मम्प्स, रूबेला से बचाव के लिए।

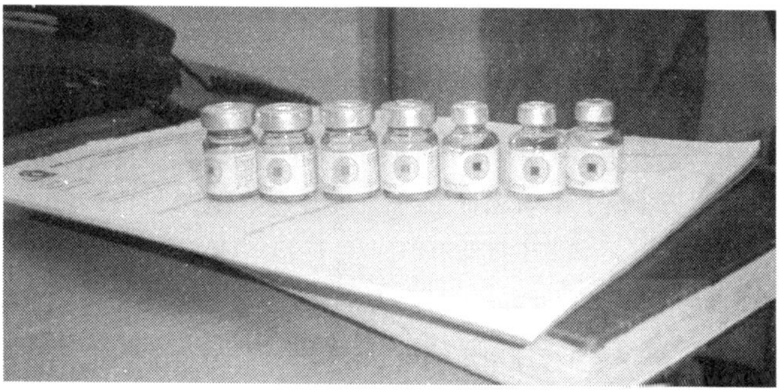

चित्र 27

7. Typhoid Vaccine — यह Typhoid से बचाने के लिए है। यह बुखार शरीर में कई अंगों पर असर कर सकता है। बेहतर सुरक्षा के लिए इसे हर तीन साल में दें।

8. Hepatitis A — यह टीका ऐसे पीलिया के लिए है जो खाने-पीने से होता है। यह बीमारी गंभीर भी हो सकती है।

9. Chicken Pox Vaccine — यह शिशु को छोटी माता/Chicken Pox से बचाती है। इसमें बुखार और सारे शरीर पर लाल काले (पानी से भरे) दाने निकल सकते हैं। कई बार Chicken Pox से निमोनिया और मस्तिष्क का बुखार भी हो सकता है।

10. Pneumococcal Vaccine यह टीका भी Pneumococcus संक्रमण से फेफड़ों और मस्तिष्क को बचाता है।

कई जगह अब Cervical cancer का टीका भी उपलब्ध है जो लड़कियों को Cervix (ग्रीवा) के cancer से बचाता है।

कई टीके तभी दिये जाते हैं जब उन बीमारियों के होने की संभावना अधिक हो। जैसे—कुछ प्रकार के दिमागी बुखार, rabies (कुत्ता काटने से/अथवा किसी और जानवर के काटने से) अपने डाक्टर से सलाह लें।

टीके की दवा को सुरक्षित रखने का तरीका क्या है?

अगर ठीक से नहीं रखा जाए तो टीके की सुरक्षा देने की क्षमता कम हो सकती है।

कुछ प्रकार के टीके फ्रिज में नहीं रखते हैं, तो कुछ फ्रिज में ही (वैसे टीके को एक जगह से दूसरी जगह ले जाने के लिए आइस बॉक्स (Ice Box) चाहिए)। Ice Box में रखने के लिए टीके की शीशी को पॉलिथिन में लपेट लिया जाता है, जिससे बर्फ के संपर्क में सीधे नहीं आ सके।

पोलियो की बूंद की शीशी के ढक्कन पर एक निशान रहता है जो टीके के सही ठंडे तापक्रम पर नहीं रखने के कारण खराब हो जाने पर काला पड़ जाता है। बेहतर होगा आप शिशु को टीके वहीं लगवाएं जहां यह सुविधा उपलब्ध हो।

ये सब टीके कितने प्रभावी होते हैं?

करीब 95% अगर सही ढंग से रखा जाए।

अगर नियत समय (टीका देने का) बीत जाए तो क्या पूरा कोर्स दुबारा शुरू करना पड़ेगा?

नहीं। जो छूट गया वहीं से आगे के क्रम से आगे बढ़ें।

अगर नियत समय पर (टीका देने का) शिशु को कफ तथा सर्दी हो जाए तो क्या टीका दिया जा सकता है?

कोई समस्या नहीं है। बुखार, कफ, सर्दी, डायरिया, आदि से कोई दिक्कत नहीं होगी। अगर डायरिया ज्यादा गंभीर हो तो टीका, जो मुँह में पिलाया जाता है, देना टाल दें और कोई गंभीर समस्या हो तो डाक्टर से बात करें।

अगर शिशु गर्भ के आठवें महीने में पैदा हो तो क्या टीकाकरण का प्रोग्राम सामान्य समय पर पैदा होने वाले नवजात से भिन्न होगा?

नहीं। उसे सारे टीके सब के क्रम अनुसार ही लगेंगे।

अगर नवजात का वजन 2 kg से कम है, तो हेपेटाइटिस B टीके से भरपूर प्रतिरोधक क्षमता का विकास नहीं होगा। अत: इस टीके को देने में देरी करें जब तक शिशु का वजन 2 kg का न हो जाए। किसी विशेष अवस्था में डाक्टर से संपर्क करें।

BCG का टीका लेने की जगह पर शिशु की त्वचा पर कटे का निशान नहीं है। क्या फिर से इस टीके को दिलाना होगा?

हां। एक वर्ष के होने के पहले दोबारा दिला दें।

BCG और Measles के टीके में एक महीने का अंतर रखें।

टीकाकरण में और क्या-क्या सावधानियां बरतनी चाहिए?

एक बार उपयोग करके फेंकने वाली सुई तथा सीरिंज का इस्तेमाल करें।

संक्रमण से नवजात शिशु को कैसे बचाएं?

निम्नलिखित सावधानियां बरतें:—

1. भीड़—भाड़ वाली जगह से शिशु को दूर रखें।

2. जिसे सर्दी, खांसी हो उस व्यक्ति को शिशु न लेने दें।

3. शिशु को छूने के पहले साबुन से हाथ साफ कर लें।

4. सर्दी होने पर ध्यान रखें कि शिशु के मुँह पर छींके नहीं।

5. नाभि के आस-पास अनावश्यक रूप से नहीं छूना चाहिए।

6. मलत्याग के बाद नवजात के मल द्वार को इस प्रकार साफ करें कि मल का कतरा आस-पास की योनि के हिस्से में नहीं लगे। इससे पेशाब में संक्रमण हो सकता है।

7. शिशु के पास कोई बीड़ी/सिगरेट न पिएं।

8. अधिक लोगों को शिशु को न छूने दें, खास कर यदि वे अपने आप को साफ न रखते हों।

9. अपने स्तन पर कोई दाना, फुंसी हो तो तुरंत डाक्टर को दिखाएं।

10.अगर आप को स्वयं सर्दी, जुकाम है तो सावधानी बरतें। बच्चे के चेहरे पर न छींकें, न खांसें।

11. आपके नाक में यदि कोई फुंसी हो तो इलाज कराएं। उन्हीं हाथों को अच्छे से धोएं।

12. समय पर सारे टीके लगवाना आवश्यक है।

13. मच्छर/मक्खी से शिशु को बचा कर रखें। ताकि मलेरिया, डेंगू से शिशु बचा रहे।

कब मुझे शक करना चाहिए कि नवजात बीमार है?

निम्नलिखित अवस्था में—

1. अगर नवजात सामान्य से अधिक सो रहा हो और ठीक से दूध न पिए
2. अगर उसे बुखार हो
3. अगर सर्दी–खांसी हो जाए
4. अगर सभी कोशिशों के बावजूद रोता हुआ नवजात चुप नहीं हो रहा हो
5. अगर सामान्य से अधिक तेज श्वास ले रहा हो, या श्वास लेते समय तेज आवाज हो रही हो
6. अगर छूने पर शरीर ठंडा लगे, पीला या नीला शरीर हो जाए तथा सुस्त लगे। निढाल पड़ा हुआ बच्चा हो।
7. अगर डायरिया या उल्टी हो रही हो
8. अगर 12 घंटों से ज्यादा समय तक शिशु को पेशाब नहीं हो
9. अगर वह 3–4 दिनों तक मल निष्कासित नहीं किया हो या मल में खून का कतरा हो, या मल का रंग काला हो।
10. कहीं भी—सिर, शरीर पर सूजन हो।
11. किसी भी आपातकालीन स्थिति में जैसे— दौरे पड़ना, सांस उखड़ना—इसमें तो आप तुरंत जाएंगे ही।

■■■

20

दुर्घटना से बचाव

नवजात चल–फिर नहीं सकता है, न ही बोल सकता है—अत: किसी प्रकार की दुर्घटना में नवजात को चोट नहीं लगे, इसका पूरा ध्यान रखना होता है। इस उम्र में हुई दुर्घटना के जिम्मेवार इसलिए अक्सर अभिभावक ही होते हैं। किसी प्रकार की असावधानी का गंभीर परिणाम हो सकता है।

निम्नलिखित बातों का ध्यान रखें:—

1. बच्चे का बिस्तर से गिर जाना उचित नहीं है। जब बच्चा लुढ़क कर अपने पेट के बल सोने लगता है, तब बिस्तर पर उसे अकेला नहीं छोड़ें। बच्चे के कमरे में सोते समय कोई जलता हुआ उपकरण या हीटर न छोड़ें।
2. बच्चे को गोद में लेकर एक हाथ में गरम/उबलता द्रव्य, दूध, आदि साथ लेकर नहीं चलें या बैठें। गरम द्रव्य बच्चे के शरीर पर गिर सकता है।
3. बिस्तर का गद्दा बहुत मुलायम होने से या अधिक रुई के भरे खिलौने पास में होने से बच्चे की नाक बिस्तर में धंस सकती है जिससे उसका दम घुट सकता है। साथ में माँ के सोते वक्त नींद में माँ के शरीर के बगल में बच्चे का मुँह दब सकता है, जिसके कारण बच्चे का दम घुट सकता है। बच्चे के पास रस्सी या तार नहीं होना चाहिए। उसकी गर्दन में लिपट सकता है।
4. बच्चे को गोद में बैठा कर उसका सिर ऊंचा करके उसे सिरप, चम्मच से दूध, आदि पिलाएं।
5. छोटे बच्चे की देखरेख में शिशु को नहीं छोड़ें।

6. टब में स्नान कराते समय पहले पानी को छू कर देख लें कि पानी ज्यादा गरम तो नहीं है। टब में फिसलन न हो।
7. हाथ में या पास में छुरी, ब्लेड या तेज धार वाला कोई भी उपकरण न हो।
8. बच्चे को अधिक श्रृंगार न लगाएं। काजल भी नहीं।
9. बच्चे को अकेला कम से कम छोड़ें। खासकर नहलाते समय नहीं।

■■■

21

अन्य बातें

मेरा नवजात शिशु अभी एक सप्ताह का हुआ है। जब उसे अपने शरीर से चिपका कर रखती हूं तो लगता है कि उसका दिल तेजी से धड़कता है। क्या यह सामान्य बात है?

हां। शिशु का दिल तेज धड़कता है।

किसी-किसी नवजात के दिल में जन्म से ही छेद होता है। क्या इस संबंध में कुछ बता सकती हैं?

सामान्य दिल में चार खाने होते हैं। सभी के साथ वाले खाने के बीच में दीवार होती है जो उन दोनों खानों को एक दूसरे से अलग करती है। ऊपरी भाग के दो खानों को अलग करने वाली दीवार में छेद हो सकता है। उसी प्रकार निचले भाग के दो खानों को अलग करने वाले दीवार में भी छेद हो सकता है। दिल में शरीर के अन्य भाग से खून पहुंचाने वाले खून की नली तथा दिल से शरीर एवं फेफड़े में खून पहुंचाने वाली नली के तारतम्य में भी गड़बड़ी हो सकती है।

छेद की जगह तथा प्रकार पर निर्भर करता है कि बच्चे के जन्म के समय शरीर नीला तो नहीं है, अथवा किसी प्रकार की समस्या ही नहीं हो। सामान्य जन्म होने के बाद में शरीर नीला हो सकता है।

नीलापन यह बताता है कि शरीर से दिल में पहुंचाने वाला खून तथा दिल से फेफड़े में जाने वाला खून आपस में मिक्स हो रहा है।

इस गड़बड़ी के कारण शिशु का सामान्य विकास प्रभावित होता है। अन्य प्रकार की जानलेवा गड़बड़ी भी बाद में हो सकती है।

इसके लिए ऑपरेशन कर के छेद बंद करना पड़ सकता है। कुछ शिशुओं में उम्र बढ़ने पर यह छेद स्वत: भी बंद हो सकता है।

समय पूरा होने से पहले ही जन्म लेने वाले शिशु को बाद में होने वाली समस्याओं के विषय में क्या कुछ बता सकती हैं?

समय से जितना पहले बच्चा जन्म लेगा, उतना ही तात्कालिक तथा बाद में होने वाली समस्याएं प्रभावित कर सकती है। जैसे:—

- श्वास लेने में कठिनाई
- शरीर का तापक्रम स्थिर रहने में कठिनाई
- स्तनपान कराते समय दूध का मुँह से बाहर आना या सांस की नली में जाना
- संक्रमित होने की ज्यादा संभावना
- अन्य बीमारियां—फेफड़ा, दिल, मस्तिष्क, आदि की बीमारिया अधिक होना।

अधिक Premature या समय से पहले होने वाला शिशु जो अस्पताल या Neonatal Nursery में अधिक दिन रहे, जिसे अधिक दिन तक oxygen दिया गया हो, या और कोई इलाज लंबा चला हो, उसे बाद में होने वाली परेशानियां हो सकती हैं। जैसे कम IQ होना, श्रवण शक्ति कम होना, अधिक चिड़चिड़ा होना, दौरे पड़ना, बार-बार फेफड़ों में संक्रमण होना, कमजोर शरीर और मस्तिष्क होना। कमजोर नजर, भैंगापन इत्यादि। इन सब बच्चों को डाक्टरी सलाह पर ही रहना चाहिए।

मेरा नवजात शिशु चार दिन का हो गया है। जन्म के दूसरे दिन ही उसे जौंडिस (पीलिया) हो गया था। क्या कारण था?

ऐसा अनेक बच्चों में होता है। अगर अगले दस दिनों तक पीलिया बना रहे तभी चिंता करनी है। जन्म के पहले 36 घंटों में पीलिया होना, 10 दिन से अधिक रहना, 14 दिन बाद होना— डाक्टरी सलाह जरूर लें। अधिक होने पर यह मस्तिष्क पर असर कर सकता है खास कर Premature शिशु में।

अगर मल का रंग सफेद हो जाए तो डॉक्टर को दिखाएं।

किस प्रकार की दवा शिशु को जन्म के दिन देनी होती है?

विटामिन–k का injection जन्म के तुरंत बाद दिया जाता है। बाद में नवजात की आंत में बैक्टीरिया विटामिन-K बनाना शुरू कर देते हैं। इस विटामिन से खून को बहने से रोकने के लिए, कटे स्थान पर खून में थक्का बना कर कटे हुए भाग को जोड़ने में मदद मिलती है। BCG और Hepatitis B का injection भी अस्पताल में लग जाता है।

मेरे खून का ग्रुप A निगेटिव है तथा मेरे पति का A पॉजिटिव। मेरे नवजात का है A पॉजिटिव। डॉक्टर ने मुझे बच्चे को जन्म देने के तुरंत बाद ऐंटी D का इन्जेक्शन दिया। क्यों?

जब भी जन्म देने वाली माँ का खून निगेटिव ग्रुप का हो तथा पति तथा नवजात दोनों का खून पॉजिटिव हो तो माँ के खून में एक ऐसा पदार्थ बनता है जिससे दूसरे बच्चे के जन्म लेने पर उस बच्चे का खून नष्ट होने लगता है अगर उसके खून का भी ग्रुप पॉजिटिव हुआ। इस नवजात को भयंकर खून की कमी, पीलिया, होने से उसकी मृत्यु भी हो सकती है। इसी के रोकथाम के लिए ऐंटी D दिया जाता है।

खून की कमी तथा पीलिया नवजात में तब भी हो सकता है जब माँ का खून O (ओ) ग्रुप का हो तथा नवजात के खून का ग्रुप A, B या AB हो। लेकिन इसके लिए ऐंटी D की सुई की जरूरत नहीं होती।

मेरे नवजात के बायें पैर का पंजा दाहिने पैर के पंजे की तरफ मुड़ा हुआ रहता है। क्या करें?

डॉक्टर को दिखाएं। इस अवस्था को क्लब फुट कहते हैं। शीघ्र उपचार के अभाव में यह विकृति स्थायी हो जाती है।

नवजात के बाएं कूल्हे की हड्डी में चटखने की आवाज होती है। यह क्या है?

डॉक्टर को दिखाएं। उसके कूल्हे के जोड़ में समस्या हो सकती है। नहीं तो बड़ा होने पर बच्चा लंगड़ा हो सकता है।

मच्छर काटने से नवजात को कैसे बचाएं?

शरीर पर लोशन नहीं लगाएं—ऐलर्जी हो सकती है। कॉइल नहीं जलाएं, द्रव का भी उपयोग नहीं करें–श्वास की समस्या हो सकती है। मच्छरदानी का उपयोग सबसे ज्यादा सुरक्षित है। यदि आप कमरे में मच्छर मारने की दवा, अगरबत्ती इत्यादि जलाना चाहती हैं तो पहले 6 महीनें बिल्कुल न करें। फिर तब कर सकती हैं जब बच्चा कमरे में न हो और तब भी 2-3 घंटे के लिए। शरीर के खुले हिस्से पर नारियल का तेल लगाना, नीम या eucalyptus (यूकलिप्टस) के तेल में भीगे कपड़े को कमरे में एक तरफ रखने से भी मच्छर कम होंगे। घर और आस-पास साफ सफाई रखें।

मेरा बच्चा तीन महीने का हो गया है। वह अपना अंगूठा चूसता है। क्या होगा?

यह एक स्वाभाविक प्रक्रिया है। ऐसा करने का अर्थ उसे भूख लगना हो सकता है, या चूसने का मन करना। यह बच्चे के 6 माह की उम्र तक होता है। बच्चे को इससे संभवत: शांति/तसल्ली मिलती है।

बाद की उम्र में इस आदत के कारण उसके दांत निकलने की प्रक्रिया प्रभावित हो सकती है।

मेरा शिशु 5 माह का है। मैं उस पर नज़र रखते हुए काम कर सकती हूं?

जी हां। बाजार में कई इस तरह के Sling मिलने लगे हैं जिसमें बच्चे को बिठा कर आपके हाथ खाली हो जाते हैं। ये Sling आप पेट या पीठ पर बांध सकते हैं। रसोई में न ले कर जाएं जहां प्याज, मसाले और हवा में उनके कण या महक हो।

मेरा नवजात शिशु कई बार कांपता है?

यह स्वाभाविक है। यदि भूख ठीक है, रोना ठीक है और चुस्त है तो चिंता न करें।

मेरे जुड़वां बच्चे हैं, उन्हें औरों से भिन्न किस प्रकार रखूं?

क्या वे समय से पहले हुए हैं? यदि हां तो उनका तापमान सही रखना बहुत आवश्यक है। स्तनपान एक के बाद एक को कराएं। परेशानी और तनाव आपको अपेक्षाकृत थोड़ा अधिक रहेगा जो स्वाभाविक है।

आजकल डॉक्टर सलाह देते हैं कि नवजात शिशु के जन्म के बाद नाभि से लगी हुई नाल काटते समय निकलने वाले खून को भविष्य में उपयोग के लिए सुरक्षित रख लें। क्यों?

इससे स्टैम सेल होते हैं जो भविष्य में उसके या परिवार में किसी के गंभीर बीमारियों के इलाज में काम आ सकते हैं।

नवजात को चीनी का घोल, ग्राईप वाटर, तथा स्टेरॉयड दवा की बूंदें देना क्यों मना है?

स्तनपान शुरू कराने के पहले नवजात को चीनी का पानी देने से नवजात स्तनपान नहीं करता है। इसमें देर हो जाती है। इसके अतिरिक्त डायरिया हो सकता है। अगर जौंडिस (पीलिया) हो गया हो तो इसे ठीक होने में देर हो सकती है।

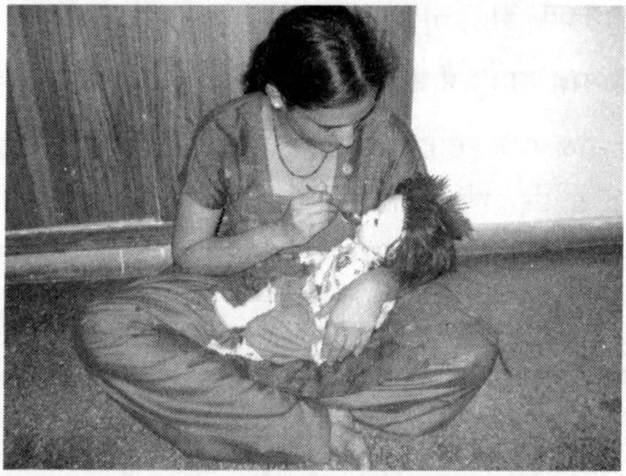

चित्र 28

ग्राइप वाटर में अल्कोहल होता है। यह नवजात को शराब पिलाने जैसा होगा। इसके देने से डायरिया भी हो सकता है।

स्टेरॉयड आधारित दवा बिना डॉक्टर की सलाह के कभी नहीं दें। बहुत से लोग अपने आप सर्दी–जुकाम या बुखार में यह दवा देते हैं। यह अत्यंत हानिकारक हो सकती है। शुरू में तो यह अत्यंत प्रभावी लगता है, क्योंकि शिशु इससे गोल-मटोल हो जाते हैं। परन्तु बाद में इससे गंभीर संक्रमण, उच्च रक्त चाप आदि हो सकता है। नवजात के खून में प्रतिरोधक क्षमता को भी हानि पहुंचाता है।

मैं अपने शिशु को दवा किस प्रकार दे सकती हूं?

शिशु को आप चम्मच से दवा पिला सकती हैं। बच्चे का सिर धड़ से ऊपर हो। कभी भी गोली या Capsule न दें। हर दवा Syrup के रूप में आती है। यदि कोई गोली भी देनी हो तो उसे पीसकर छाती के दूध में मिला कर चम्मच से पिलाएं।

हमारे देश में अनेक घरों में नवजात के कान, नाक में तेल डालने की प्रथा है। क्या यह सही है?

नहीं। तेल नाक से होकर फेफड़ों में जमा हो सकता है जिसके कारण फेफड़ों को हानि पहुंचती है। इससे फेफड़ों में निमोनिया हो सकता है जो शिशु के लिए घातक सिद्ध हो सकता है। इस प्रथा को बिल्कुल बढ़ावा न दें।

अंत में नवजात की सलामती के लिए कुछ महत्व की बातें जिसका पालन आपको करना चाहिए:—

- केवल स्तनपान कराएं
- अगर स्तनपान नहीं करा सकते तो स्तन से निकाले हुए दूध को बोतल से नहीं, बल्कि चम्मच से पिलाएं।
- ग्राइप वाटर, स्टेरॉयड दवा, विटामिन, टॉनिक बिना डॉक्टर की सलाह के नहीं पिलाएं।
- आंख, कान, नाक में तेल नहीं डालें।
- हर बार दूध पिलाने के बाद डकार दिलाएं।
- ध्यान रखें कि नवजात के नाक, आँख, कान, मुँह में पानी नहीं घुसे, जब नहला रहे हों।
- शिशु को पेट के बल नहीं सुलाएं।
- हर बार शिशु के सिर को सहारा दें और शिशु को कभी झकझोरें नहीं।

- शिशु के कपड़े सही हों।

अंत में मैं एक अनुभव आप सबसे बांटना चाहती हूं। एक बार एक नवजात की माँ आकर कहने लगी कि शिशु के मल में खून आ रहा है। उसने यह छिपा लिया कि स्तनपान के अलावा वह बच्चे को गाय का दूध पिला रही थी। इसके कारण, जैसा कि पहले के चैप्टर में कहा गया है, समस्या हो सकती है।

मैंने उस माँ को खुद भी गाय का दूध पीने से मना किया, क्योंकि दूध का प्रोटीन उसके स्तन के दूध के साथ आ सकता है। इसके कारण बच्चे को यह समस्या हो सकती है।

पंद्रह दिनों के बाद उसने बताया कि वह दूध पिलाने वाली बात छिपा गई थी। अब उसके भी गाय का दूध पीना बंद करने के बाद शिशु में इस समस्या का अंत हो गया।

शिशु के एक वर्ष की उम्र तक गाय–भैंस के दूध से उसके पेट में ऐलर्जी-कारक तत्व नहीं जाने दें। सभी शिशुओं में ऐसी समस्या नहीं होती है। फिर भी आपका बच्चा पीड़ित तो हो ही सकता है। इससे बचाव करें।

■■■

भाग–2

शिशु के छः मास की उम्र से छः वर्ष की उम्र तक

1. खाना, पीना, पाचन क्रिया, तथा मल निष्कासन
2. शरीर का विकास
3. निद्रा
4. दांतों का निकलना
5. मुँह
6. आँख, नाक, कान
7. त्वचा, सिर, केश
8. योनि अंग
9. मूत्र, मल निष्कासन की आदत डालना
10. संक्रमण, बुखार, आदि
11. ऐलर्जी तथा दमा
12. दुर्घटना से बचाव
13. दुर्घटना होने पर प्राथमिक उपचार, तथा आपातकालीन स्थिति
14. व्यवहार, अनुशासन, आदत, तथा मानसिकता से संबंधित समस्याएं

22

खाना, पीना, पाचन तथा मल निष्कासन

पोषक तत्वों से युक्त अनेक प्रकार के भोज्य पदार्थों की जानकारी से माँ को लाभ होगा।

कैलोरी–भोजन से शरीर को मिलने वाली ताकत को कैलोरी से नापा जाता है। यह कैलोरी कार्बोहाइड्रेट, प्रोटीन, फैट तीनों से मिलती है।

कार्बोहाइड्रेट से सबसे पहले कैलोरी मिलती है। इसके न मिलने पर प्रोटीन तथा फैट की कैलोरी इस्तेमाल होती है।

भोजन से प्राप्त होने वाले पदार्थ—जैसे चावल, आटे—में कार्बोहाइड्रेट होते हैं। दाल, चना, मांस, मछली, दूध आदि से शरीर को प्रोटीन मिलता है। इसके अलावा घी–तेल से फैट (चर्बी) प्राप्त होता है।

प्रोटीन–प्रोटीन से हड्डी का निर्माण होता है तथा शरीर मांसल बनता है।

फैट/चर्बी–इससे शरीर तथा मस्तिष्क को ताकत मिलती है।

विटामिन तथा खनिज लवण–यह सब शरीर को संक्रमण से बचाता है तथा आँख, दिमाग, हड्डी के विकास के काम आता है। यह समूचे शरीर के अच्छे विकास तथा कार्य के लिए आवश्यक है।

विटामिन के प्रकार :

विटामिन A – गाजर, पपीता, आदि में होता है। यह आँखों की रोशनी के लिए अच्छा होता है। इसके अभाव में रात में दिखना, आंखों में सूखापन तथा आगे जा कर अंधापन भी हो सकता है। यह त्वचा के लिए भी आवश्यक है।

विटामिन B – सब्जियों, हरे पत्ते वाली साग, आदि में होता है। अनेक अंगों के स्वास्थ्य के लिए जरूरी होता है। खासकर त्वचा, मुँह, नसों के लिए।

विटामिन C – नींबू, तथा अनेक फलों में होता है। इससे शरीर की प्रतिरोधक क्षमता का विकास होता है। यह मसूड़ों, त्वचा, हड्डी, रक्त-वाहिका को स्वस्थ रखता है।

विटामिन D – धूप से त्वचा द्वारा शरीर में निर्मित होता है। अत: रोज धूप का कुछ समय के लिए सेवन करना जरूरी होता है। यह मजबूत हड्डी के लिए अति आवश्यक है।

विटामिन E – त्वचा को स्वस्थ बनाता है। यह मेवा इत्यादि में मिलता है।

विटामिन K – शरीर की आंत में मौजूद बैक्टीरिया द्वारा निर्मित किया जाता है। इससे कटी हुई त्वचा तथा अंग से रक्तस्राव को थक्का जमा कर रोकने में मदद मिलती है।

मिनरल के प्रकार :

कैल्शियम – दूध, अण्डे में होता है। हड्डी निर्माण के लिए जरूरी है।

आइरन/लौह – हरी सब्जी, मांस आदि अनेक भोज्य पदार्थों से शरीर को मिलता है। खून में हीमोग्लोबिन के लिए यह आवश्यक है।

आयोडीन – नमक में मिला हुआ बाजार में मिलता है। इसकी कमी से थाइराइड की बीमारी हो सकती है।

फाइबर/रेशा – रेशेदार सब्जियों, फलों में होती है। इसे खाने से मल निष्कासन आसानी से होता है। कब्जियत नहीं होती है।

संतुलित आहार में सभी आवश्यक तत्वों प्रोटीन, चर्बी, कार्बोहाइड्रेट, विटामिन तथा खनिज लवण को वांछनीय मात्रा में होना चाहिए।

भोज्य पदार्थों में प्रति ग्राम वजन से जितनी कैलोरी ताकत शरीर को प्राप्त होती है, वह इस प्रकार है:—

प्रोटीन से	**प्रति ग्राम – 4 कैलोरी**
कार्बोहाइड्रेट से	**प्रति ग्राम – 4 कैलोरी**
चर्बी से	**प्रति ग्राम – 9 कैलोरी**

चित्र 29

हरेक उम्र में तथा मेहनत करने के अनुसार बच्चे या वयस्क को अलग–अलग मात्रा में calorie प्रतिदिन भोजन से मिलनी चाहिए।

यह मात्रा 1200 से 3000 calorie तक होता है। इसमें 15% मात्रा प्रोटीन से तथा फैट से भी 15% आना चाहिए एवं बाकी 70% कार्बोहाइड्रेट से। बच्चे का भोजन एक ऐसा विषय है जो हर मां को चिंता में डाल देता है।

माँ को यह लगता है कि उसका बच्चा ठीक से नहीं खाता। शायद ही कोई माँ हो जिसे लगता हो कि उसका बच्चा सही खाता है। सब से आवश्यक है कि बच्चे के आहार में समय-समय पर कुछ नया खाने को शुरू करिये। शिशु को खुद चुनने दीजिए कि उसे क्या कितना पसंद है। शिशु को शुरू से ही तरह-तरह के अनाज, दालें, मीट, फल, सब्जी, हरे पत्ते, मेवा इत्यादि (मूंगफली, अण्डे की सफेदी, **Sea Food,** गाय का दूध, सोया, गेहूं कम से कम 6-9 महीने से पहले न दें, ऐलर्जी का डर हमेशा है) 9-10

महीने पर शिशु को अपने हाथ से खाना खाने दें, या कप पकड़ने दें, जितना वह कर सकता हो।

बच्चों में स्वास्थ्यवर्द्धक भोजन करने की आदत डालने के लिए—

1. डेढ़ साल का होने के बाद बच्चे को साथ खाने की टेबल पर बिठाएं। यदि शिशु किसी खाने को पसंद न करे तो कुछ दिन बाद उसे दोबारा दे सकते हैं।

2. कैलोरी से भरपूर पदार्थों को खिलाएं। खाने में तले हुए आलू, मीठा जैसे—Ice-cream, केक बच्चा खा सकता है।

3. अगर बच्चा ज्यादा मात्रा में खाना नहीं चाहता है, तो जबरदस्ती नहीं करें।

4. कैलोरी का हिसाब लगा कर बच्चे को खिलाने पर जोर नहीं देना चाहिए—अगर बच्चा सक्रिय है और उसके शरीर का विकास सामान्य हो। दो साल का हो जाने पर बच्चे के घी–तेल अर्थात् वसा खाने पर थोड़ी रोक लगाएं। कॉलेस्टेरॉल को नियंत्रित रखने के लिए उसके अण्डे, मांस, मक्खन, Cheese, डालडा आदि खाने पर थोड़ी रोक लगाएं।

5. बच्चों के दूध तथा दूध से बने पदार्थ खाने पर प्रतिदिन 700 ml. का नियंत्रण रखें क्योंकि कैल्शियम के साथ–साथ लोहा (iron) युक्त भोजन करने से आंत में आयरन के शरीर में अवशोषण (absorption) में रुकावट आती है जिससे खून में हीमोग्लोबिन कम हो सकता है।

5(a) कभी भी शिशु को ठूसें नहीं। आवश्यक नहीं कि वह परोसा हुआ सब कुछ खत्म करे। इससे उसे खाने से नफरत भी हो सकती है और वह कमजोर हो जाएगा। घर में बड़ों को भी बच्चे के सामने आदर्श बनना पड़ेगा।

5(b) कमरे में अंदर टेलिविज़न या कंप्यूटर के आगे खाना खाने से बचें। यह आदत आगे चल कर बहुत सहायक होगी और बच्चा मोटा भी नहीं होगा।

6. लोहा युक्त भोज्य पदार्थ के साथ–साथ विटामिन–C युक्त पदार्थ का सेवन करने से शरीर द्वारा आयरन सोखने की क्षमता में वृद्धि होती है। Vit C से सर्दी, जुकाम कम होता है।

7. प्रात: 9 बजे से दोपहर 3 बजे तक के बीच 10 मिनट तक सूर्य की धूप का सेकना हाथों और चेहरे पर, Vit D बनाने में सहायक है।

8. विटामिन B–12 की गोली अलग से बच्चे को दें। अगर बच्चा शाकाहारी भोजन करता है, दूध भी नहीं लेता है, तो यह जरूरी है।

9. फल का जूस 250 ml प्रतिदिन से अधिक न हो, नहीं तो पेट का फूलना, डायरिया का प्रकोप हो सकता है। अत: सीधे फल को खाने के लिए देना चाहिए। फल के रेशे के खाने से मल निष्कासन भी ठीक से होगा।

10. छोटे शिशु को प्यास लगने का आभास नहीं होता है। अत: माँ का काम है कि उसे समय–समय पर पानी पिलाते रहें।

11. संतुलित आहार जिसमें सभी पोषक तत्व–प्रोटीन, वसा, कार्बोहाइड्रेट, विटामिन, खनिज लवण हों, बच्चे को खिलाना चाहिए। दवा के रूप में विटामिन A, D, E देने से बच्चे में समस्या हो सकती है।

12. केवल स्तनपान करने वाले शिशु के चार माह के हो जाने के बाद उसे आयरन विटामिन अलग से देना चाहिए, क्योंकि माँ के दूध से इसकी मात्रा जरूरत भर नहीं मिलती है। जब शिशु

ठोस पदार्थ भी खाना शुरू कर दे तो अलग से आयरन विटामिन देने की जरूरत नहीं होगी।

13. ध्यान रहे विटामिन तथा खनिज लवण अलग से देने से अगर मात्रा आवश्यकता से अधिक हो जाए तो गंभीर समस्या का कारण हो जाता है। अत: इसकी मात्रा के बारे में डॉक्टर से परामर्श कर लें।

14. भोजन के पदार्थों को अंकुराना अच्छा होता है। इससे उनमें पोषक तत्वों की वृद्धि होती है। अधिक सेकने, तलने या भिगो कर रखने से खाने की गुणवत्ता कम हो जाती है।

15. कच्चा तथा कम पका हुआ पदार्थ खाने से संक्रमण की आशंका रहती है।

16. गले में अटकने वाले आकार का पदार्थ नहीं खिलाएं।

मेरी नौ माह की बच्ची दूध के अलावा कुछ ठोस भोजन नहीं करना चाहती है। क्या करें?

उसे एक वर्ष का होने के पहले गाय/डिब्बे का दूध नहीं देना चाहिए था। आयरन से भरपूर भोज्य पदार्थ नहीं खाने से बच्चे में खून की कमी हो सकती है। दूध की मात्रा 600-700 ml/day से अधिक न दें। भोज्य पदार्थों में फेर बदल कर के देखें। एक साल तक का होने पर उसे परिवार के खाने की हर चीज खाने की आदत पड़ जाए, सिवा मिर्च मसाले के। उसे सब के साथ बिठाएं और खुद चम्मच पकड़ने दें। हाथ से पकड़ने के लिए 'Finger Food' उंगली के आकार के आहार जैसे french-fries, फल की फांकें भी दे सकते हैं।

अत: उसमें भोज्य पदार्थों का सेवन करने की आदत डालिए।

मेरी दस माह की बच्ची है। उसे कब्ज रहता है। कोई घरेलू उपचार बताएं।

पहले जान लें कि कब्ज होना किसे कहते हैं। अगर बच्ची दो से तीन दिनों के अन्तराल पर मल निष्कासित करती है जो मुलायम होता है, तो

उसे कब्ज नहीं है। अगर वह रोजाना मल निष्कासन करती है, परन्तु यह कठोर हो तथा शिशु को जोर लगाना पड़ता हो, तो उसे कब्जियत है।

कब्जियत होने पर उसे अधिक पानी पिलाएं। फल तथा सब्जी अधिक मात्रा में खिलाएं। किशमिश और खजूर को भिगो कर उसका पानी पिलाएं।

अगर स्थिति में सुधार नहीं हो तो डॉक्टर से थायरॉइड के लिए जांच कराएं, अगर मल करते समय बच्चा दर्द से रोता हो।

मेरा बच्चा 3 वर्ष का है। वह खाना सामने देखकर ही उल्टी जैसा महसूस करने लगता है। क्या करें?

हो सकता है कि दिया गया भोज्य पदार्थ उसे नापसंद हो। अलग–अलग प्रकार का भोजन देने की कोशिश करें, जिसरो उसकी पसंद का पता चल जाए।

मेरा बच्चा 1½ वर्ष का है। उसे अक्सर डायरिया का प्रकोप हो जाता है। वैसे उसका विकास सामान्य है। क्या कारण है?

ऐसा बिना कारण के भी होता है। 1 से 3 साल के बीच बच्चों को अक्सर यह हो सकता है। अधिक मीठा न दें, फलों का जूस 250 ml/ प्रति दिन से अधिक न दें। फल के रस से अधिक लाभदायक फल हैं।

अगर डायरिया तथा उल्टी हो रही हो तो घरेलू उपचार क्या है?

यह दो कारणों से हो सकता है:—

1. संक्रमण के कारण—अगर बुखार हो तथा पेशाब की मात्रा कम हो जाए, तो डॉक्टर को दिखाएं। खुद ही ऐंटिबायोटिक दवा नहीं दें। ऐसा करने से आंत में स्थित मददगार बैक्टीरिया भी मर जाते हैं जिससे बाद में बार–बार डायरिया होना और पोषक तत्वों का भोजन से शरीर द्वारा ग्रहण करने में कमी हो सकती है।

कुछ माताएं बच्चे को भूखा रखती हैं—यह सोचकर कि दस्त होना रुक जाएगा। यह गलत है। बच्चे को खिलाना तथा पोषक पदार्थों को नहीं देना समाधान नहीं है।

2. अगर संक्रमण कारण नहीं हो, तो हो सकता है कि अधिक मात्रा में खाना खा लिया हो, अथवा अधिक चीनी दी गई हो।

अगर बार–बार दस्त हो रहा हो तो ORS का घोल पिलाएं। इसका पैकेट दवा की दुकान पर मिलता है। उबले हुए पानी में इसका निर्देशानुसार घोल तैयार कर लें। उबालने का अर्थ होता है कि पानी उबलना शुरू होने के बाद 10 मिनट तक उबलते रहना। उबलना शुरू होते ही आंच बंद कर देना गलत विधि है।

साथ–साथ ताजा पकाया हुआ मुलायम भोजन, दाल का पानी, सूप आदि देते रहें। ग्लूकोज, फल का जूस, चीनी का शर्बत, या दूध का सेवन बंद कर दें, जब तक कि दस्त रुक नहीं जाए। अगर बच्चा शिथिल पड़ जाए तथा पेशाब होना बंद हो जाए तो तुरंत डॉक्टर को दिखाएं। शरीर में पानी की कमी हो सकती है। तब पानी चढ़ाना पड़ सकता है।

मेरी बच्ची एक वर्ष की हो गई है। स्तनपान कब तथा कैसे बंद करना चाहिए?

दो वर्ष की उम्र तक स्तनपान कराते रहें। उसके बाद एकाएक नहीं, बल्कि क्रमश: कम करते जाएं। इससे स्तन में दर्द, खिंचाव, या दूध का निप्पल से टपकना नहीं होगा।

मेरी बच्ची दो वर्ष की है। स्तनपान कैसे छुड़ाएं?

धीरे–धीरे बाहर का दूध पिलाना शुरू करें तथा ठोस भोज्य पदार्थों का भी सेवन करने की आदत डालें।

मेरी बच्ची छ: वर्ष की है। वह रोजाना पेट दर्द की शिकायत करती है। क्या कारण हो सकता है?

उसके मल में कीड़े तो नहीं आ रहे हैं, यह देखें। अगर हैं तो कीटनाशक दवा दें।

अगर किसी प्रकार का भोज्य पदार्थ नया–नया खिलाना शुरू किया हो तो उसे खिलाना रोक कर देखें कि पेट दर्द की शिकायत बंद हुई या नहीं। अगर ऐलर्जी के कारण हो रहा हो तो ठीक हो जाएगा।

कुछ बच्चे इस उम्र में माँ-बाप का ध्यान अपनी ओर आकर्षित करने के लिए करते हैं। कुछ स्कूल जाने से बचने के लिए करते हैं। उसे शौच के लिए पर्याप्त समय दें।

मेरा बेटा चार साल का है। वह बहुत मोटा है। क्या करें कि उसका शरीर पतला हो जाए?

उसको संतुलित आहार देना शुरू करें। चिप्स, मिठाई, आइसक्रीम कम से कम खाने दें। जूस, कोला, पेय आदि भी कम कर दें। उसे फल तथा सब्जियों का सेवन करने के लिए प्रोत्साहित करें।

उसे भोजन के द्वारा जरूरत से ज्यादा कैलोरी नहीं लेनी चाहिए। उसे खेलने–कूदने वाली गतिविधियों में भाग लेने के लिए कहें। इन सब उपायों से मोटापा धीरे–धीरे कम होगा।

यह सब आपको धीरे-धीरे करना होगा। उसके साथ स्वयं की भी आदतें बदलें। TV, Computer पर कम से कम समय बिताएं। बच्चे का मज़ाक न उड़ाएं और जब वह आपका कहा माने तो उसे प्यार करें। बचपन का मोटापा आगे चल कर तंग कर सकता है।

मेरा बच्चा दो साल का है। वह मिट्टी, कागज, चॉक आदि खाता है। क्या करें?

इस आदत को 'पिका' कहते हैं। खून में लोह तत्व की कमी वाले बच्चे में यह देखा जाता है। पेट में कृमि होने की वजह से भी ऐसा होता है। इसका निदान करना होगा।

मेरी बच्ची 3 साल की है। उसके शरीर का विकास ठीक से नहीं हो रहा है। उसका मल दुर्गन्ध देता है। क्या करें?

डॉक्टर को दिखाएं। उसके पेट में कुछ प्रकार के एन्जाइम की कमी हो सकती है, जो भोजन को पचाने तथा शरीर में लगने में मदद करता है।

मेरा बच्चा 4 साल का है। वह हमेशा खाना खाने के तुरंत बाद मल त्यागने जाता है। क्या करें?

यह कोई गड़बड़ी नहीं है। यह आदत वयस्कों में भी होती है। समय के साथ ठीक हो जाएगा।

मेरा बेटा 2 साल का है। कल उसका मल सफेद रंग का था। क्या यह जौंडिस होने की निशानी है?

कभी–कभी ऐसा होता है जिसका कारण अपच हो सकता है इसका यह मतलब नहीं है कि उसे जौंडिस है। अगर उसकी आँखें पीली हैं अथवा पेशाब का रंग पीला है, तो डॉक्टर को दिखाएं—जौंडिस हो सकता है।

मेरा 5 वर्षीय बेटा खाना खाने में घंटों लगाता है। क्या करें?

यह समस्या शुरू ही नहीं होती अगर आप अपना अन्य काम करने के लिए खाना जल्दी खा लेने के लिए बच्चे पर जोर नहीं देते रहते। इस कारण बच्चे को आप को तंग करने में मजा आने लगा है।

अत: उसे जल्दी खाना खा लेने के लिए कभी दबाव नहीं डालें। इस बात पर ध्यान देना ही बंद कर दें। बच्चा कुछ दिनों में ऐसा करना बंद कर देगा।

मेरे बच्चे के नाखूनों पर सफेद दाग हैं। क्या कैल्शियम की कमी है?

इस दाग का कुछ कारण नहीं होता है।

लोग कहते हैं कि जाड़े के मौसम में बच्चे को केला तथा संतरा नहीं खिलाना चाहिए। इसके कारण उसे सर्दी हो सकती है। क्या यह सच है?

नहीं। संतरा विटामिन C से पूर्ण होता है। केले में अनेक प्रकार के विटामिन तथा खनिज लवण होते हैं। इन दोनों को खिलाने से बच्चे की बीमारी से लड़ने की प्रतिरोधक क्षमता बढ़ती है।

ऐंटि–ऑक्सीडैंट क्या होता है?

यह विटामिन त्वचा तथा अन्य अंगों को ऑक्सीजन के फ्री रेडिकल से होने वाली हानि से बचाता है।

यह ऐंटि ऑक्सीडैंट विटामिन E, A, C Omega 3 fatty acids से मिलता है।

मेरा बच्चा 4 वर्ष का है। वह समय पूरा होने से पहले ही पैदा हुआ था। वह ठोस/चोखा करके देने से सब्जियां खाता है। उसकी यह आदत कैसे बदलें?

इसका संबंध समय पूरा होने से पहले पैदा होने से नहीं होता है। आदत में सुधार लाने की कोशिश करें। कुछ विटामिन का सिरप दे कर देखें। हर दिन उसकी प्लेट में नयी सब्जी रखें। उसे पूरी खाने पर मजबूर न करें। जब वह खाना स्वयं खा ले तो उसे प्यार दुलार दें। यह आदत धीरे-धीरे बदलेगी।

■■■

23

शरीर का विकास

इसका आइडिया प्रत्येक माँ को होना चाहिए। समय के साथ बच्चे के शरीर में विकास समुचित रूप से होते रहना चाहिए।

इसमें अन्य बच्चे से वजन या लंबाई की तुलना करना सही नहीं है।

प्रत्येक बच्चा अलग–अलग उम्र में बैठना तथा चलना शुरू कर सकता है। बच्चों के डाक्टर उनका विकास एक कार्ड में नापते हैं। यह कार्ड एक औसत बच्चे के विकास को मापता है। यदि आपके बच्चे का विकास कुछ कम या ज्यादा है तो चिन्ता की बात नहीं है। उसका विकास वज़न और लम्बाई के इलावा चहुंमुखी होना चाहिए। किन्ही भी दो बच्चों में एक सा विकास नहीं होता। अपने बच्चे के साथ खेलें खुश रहें और स्वयं बढ़ने दें।

अगर किसी बात में उम्र के एक निर्धारित समय सीमा तक बच्चे में कमी रह जाए तो डॉक्टर की सलाह लें।

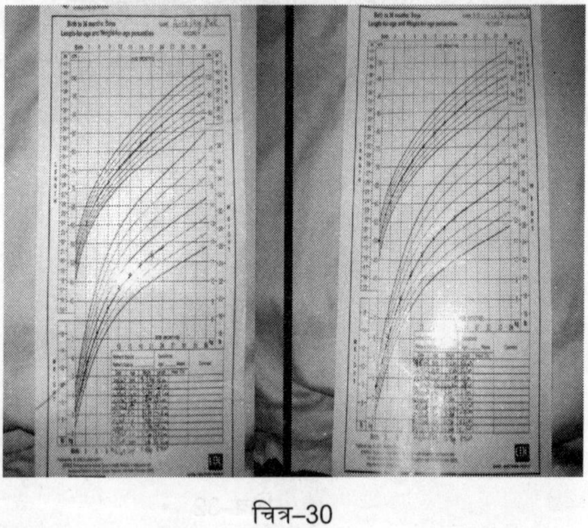

चित्र–30

साधारण तौर पर बच्चा 8 माह का होने पर बिना सहारा के बैठने लगता है।

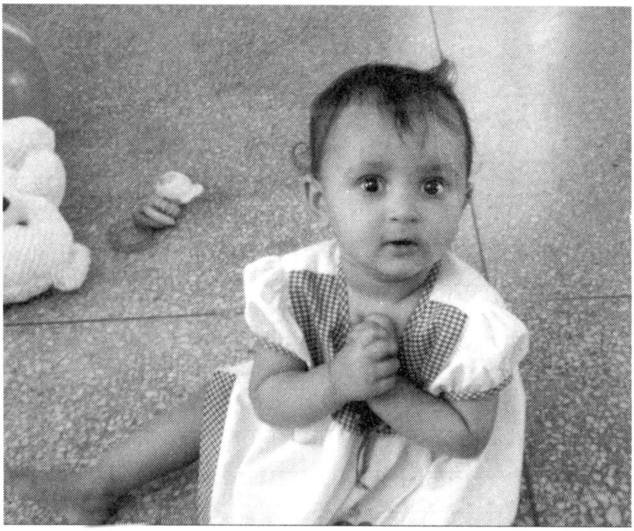

चित्र–31

इसी उम्र में बच्चा अपने पेट के बल सरकना शुरू कर देता है। 10 माह का होने पर हाथों के सहारे पैरों को मोड़ कर घुटनों पर खिसकने लगता है।

चित्र–32

8 से 9 माह का होने पर बच्चा किसी फर्नीचर को पकड़कर खड़ा होने लगता है तथा उसका किनारा पकड़कर चलने का प्रयास करने लगता है।

चित्र–33

ज्यादातर बच्चे 13 महीने की उम्र से स्वयं से चलने लगते हैं।

चित्र–34

8–9 माह में दादा, मामा, आदि दो अक्षरों के शब्दों को बोलने लगता है।

चित्र–35

एक वर्ष का होने पर जमीन पर पड़ी वस्तु को उंगली तथा अंगूठे के सहारे उठाने लगता है।

इस समय माँ को यह ध्यान रखना पड़ता है कि बच्चा छोटी चीजें जैसे मोती, मटर, पेच आदि मुँह में न दे ले।

उन्हें माँ-बाप का कहा समझ में आने लगता है। वे अपने खिलौने ढूंढ़ते भी रहते हैं। अपना कमरा सदैव तैयार रखें।

चित्र–36

इसी 1 वर्ष की उम्र से बच्चा अजनबी को पहचान कर उसके पास जाना नहीं चाहता है।

चित्र–37

इसी उम्र में बच्चा जिद करना भी शुरू कर देता है। नौ महीने बाद आप उसे रंग-बिरंगी पुस्तकें भी दिखा सकती हैं।

एक से दो वर्ष की उम्र के बीच में

बच्चे चलना, दौड़ना, सीढ़ी चढ़ना, कूदना सीखते हैं। दो शब्दों से बना वाक्य भी बोलने लगते हैं। खुद खाना शुरू कर देते हैं।

चित्र–38

इस उम्र में एक के ऊपर दूसरी वस्तु को रख कर कुछ बनाना, खिलौना खींचना आदि करने की कोशिश करने लगते हैं।

चित्र–39

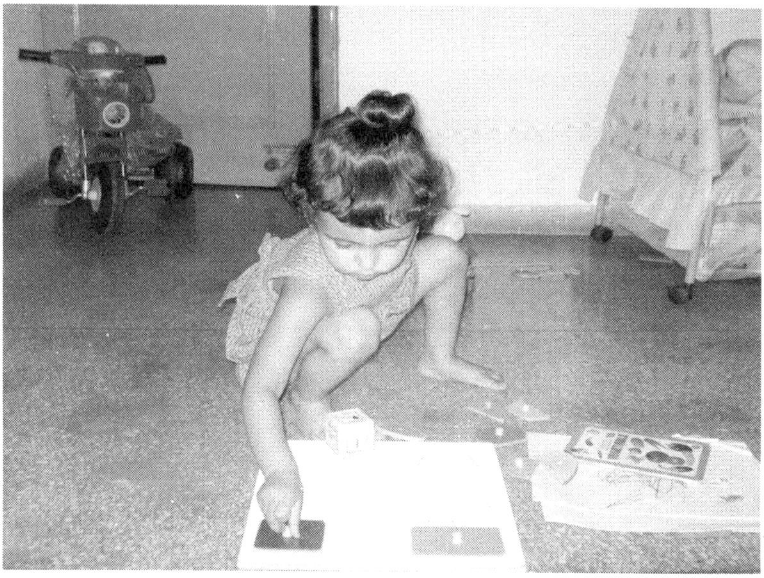

चित्र–40

चित्र–41

18 माह के करीब होने पर बच्चा पेशाब या मल करने के लिए माँ को कहना शुरू कर देता है।

जिद करने की आदत में भी वृद्धि होती है। माँ/पिता से चिपकने/चिपक कर सोने की जरूरत बच्चे को महसूस होने लगती है।

उन्हें स्वयं चित्रकारी करने में और खाना खाने में मजा आने लगता है। इस उम्र में बच्चे माँ-बाप को प्यार/दुलार करना सीख जाते हैं। जिद करना बढ़ जाता है। इस उम्र में सही तरीके से सोने और खाने की आदत डाल सकते हैं।

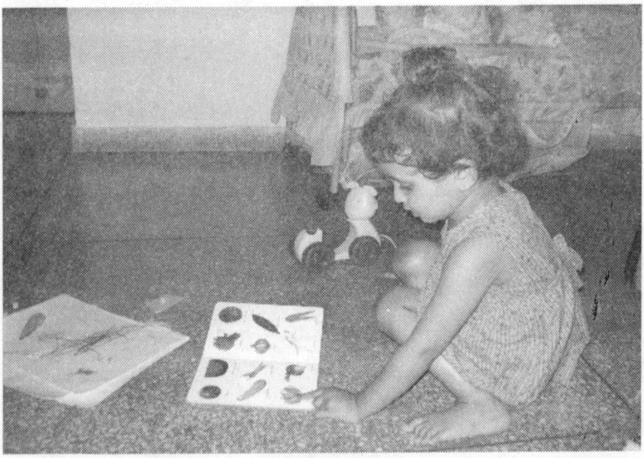

चित्र–42

दो से पांच वर्ष की उम्र में

उछलना, कूदना, साइकिल पर बैठना शुरू हो जाता है।

चित्र–43

तीन वर्ष की उम्र तक बच्चे धारा प्रवाह बोलने लगते हैं तथा कपड़े में पेशाब या मल करना बंद हो जाता है। वह अपना लिंग और उम्र भी बता सकता है। इस उम्र में कहानी सुनने/सुनाने से बच्चे की क्षमता बढ़ती है। अगर बच्चा तुतलाता हो तो डॉक्टर की मदद लें।

अगर निर्धारित समय सीमा तक बच्चा बोलना, चलना, आदि नहीं कर पाए तो डॉक्टर को दिखाएं।

कुछ काम शुरू करने के लिए निर्धारित अधिकतम समय सीमा :

- मुस्कुराना, बांहों के सहारे शरीर को उठाना, हँसना, आदि—3 माह की उम्र तक
- एक हाथ से किसी वस्तु को दूसरे हाथ में लेना—6 माह की उम्र तक
- सहारा लेकर खड़ा होना, किसी वस्तु को हाथ में पकड़ना—9 माह की उम्र तक
- कुछ अर्थपूर्ण शब्दों को बोलने लगना—1½ वर्ष की उम्र तक
- दौड़ना, दो शब्दों का वाक्य बोलना—2 वर्ष की उम्र तक

मेरी बच्ची 13 माह की है। अब वह अपने पैरों पर चलना शुरू कर चुकी है। उसका पैर टेढ़ा प्रतीत होता है। क्या करें?

करीब–करीब सभी बच्चों का पैर टेढ़ा होता है—जब वे चलना शुरू करते हैं। धीरे–धीरे पैर सीधा हो जाता है। विटामिन D की कमी से भी पैर टेढ़ा होता है। डाक्टर की सलाह लें।

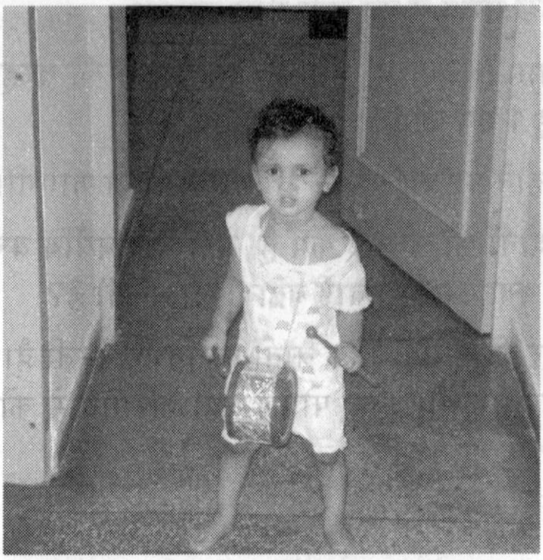

चित्र–44

मेरा बेटा 11 महीने का है और उसने अभी चलना शुरू नहीं किया है, जबकि हमारे पड़ोसी की बिटिया इसी उम्र की चलती है?

कुछ बच्चे औरों की अपेक्षा जल्दी चलते हैं। आप बिल्कुल तुलना न करें।

मेरी 2 वर्षीय बच्ची बहुत दुबली है। जब कि वह काफी सक्रिय है तथा अच्छी तरह खाना भी खाती है। उसे गोल–मटोल कैसे बनाएं?

ख्याल से निकाल दें कि दुबला–पतला बच्चा स्वस्थ नहीं होता है। अगर उसकी लम्बाई बढ़ रही है तो चिंता नहीं करें।

मेरी बच्ची 2 वर्ष की हो गई है। वह 'रा' की जगह 'ला' कहके तुतलाती है। क्या करें?

बड़ी होने पर तुतलाना बंद हो जाएगा।

मेरा बच्चा 3 साल का है। वह हकलाता है। क्या करें?

कुछ बड़ा होने पर यह बंद हो जाएगा। अगर 5 वर्ष की उम्र तक हकलाता रहे तो डॉक्टर की मदद लें।

मेरा 4 वर्षीय बेटा B और 'C' को उलटा लिखता है जैसे उनका प्रतिबिम्ब क्या करूं?

धीरज रखें कुछ समय में वह सही सीख जाएगा।

मेरी बेबी Preterm (अठमासी) थी। वह कभी औरों की तरह सामान्य हो पाएगी? अभी वह 1 वर्ष की है।

2-4 वर्ष की होने पर वह सामान्य बच्चों जैसी हो जाएगी।

मैं तथा मेरे पति दोनों की लम्बाई कम है। मेरा चार वर्षीय बच्चा भी छोटे कद का लगता है। क्या उसकी लंबाई बढ़ायी जा सकती है?

बच्चे के शरीर की लंबाई अनेक बातों पर निर्भर करती है। माता–पिता के शरीर की लंबाई पर भी। अगर पोषण तथा हॉरमोन में कोई कमी नहीं है तो इस बारे में कुछ नहीं कह सकते।

Spasticity किसे कहते है?

इस बीमारी में बच्चों के हाथ/पैर/शरीर के Muscles में अकड़ाव आना और उनकी कमजोरी होती है।

यह बीमारी केवल पैरों में भी हो सकती है। शुरू में ही कसरत से इससे छुटकारा मिल सकता है। कुछ बच्चों में इस समस्या की गंभीर अवस्था में सिर का आकार छोटा होता है, बुद्धिमता की कमी, विकास में देरी, मिर्गी, निगलने में कठिनाई, आदि देखने को मिलता है। इसका इलाज कराना चाहिए।

यह स्थिति सामान्य नहीं होती। दूसरा बच्चा, डॉक्टर से परामर्श लेकर।

■■■

24

निद्रा

अच्छी तरह से सोने की आदत बच्चे में डालना महत्वपूर्ण होता है।

ज्यादातर माता–पिता बच्चे को अपने साथ बिस्तर पर सुलाते हैं। जैसा कि भाग–1 में बताया गया है, यह ध्यान रखना जरूरी है कि करवट बदलने पर बच्चा दब न जाए।

अगर इस सावधानी का पालन नहीं कर सकते हैं, तो बच्चे को बिस्तर के बगल में पालने में सुलाना ठीक रहेगा।

नवजात प्रतिदिन 16-18 घंटे तक सोते रहते हैं। धीरे–धीरे नींद की अवधि घटते जाती है। 3 महीने तक यह अवधि घट कर 14-15 घंटे हो जाती है। दिन में केवल 4-5 घंटे 2 या 3 बार में पूरी करते हैं। 1½ वर्ष तक का होने पर दिन में केवल एक बार सोते हैं। 3-4 वर्ष का होने पर दिन की नींद खत्म भी हो सकती है। अधिक सक्रिय बच्चे कम सोते हैं। अवधि घट कर 10 घंटे तक हो जाती है। 3–4 वर्ष के होने तक अच्छी नींद की आदत डालने के लिए निम्नलिखित उपाय करें:—

- जब बच्चा नींद से झुकने लगे, उसे बिस्तर पर लिटा दें तथा उसे खुद–ब–खुद सो जाने दें।

  नींद से बोझिल होने के पहले ही बच्चे को बांहों में हिलाएं–डुलाएं या लोरी सुनाएं। नींद में सो जाने तक ऐसा करते रहना गलत होगा। क्योंकि बच्चों की नींद जब भी रात में टूटेगी तो वह चाहेगा कि आप फिर उसे हिलाएं–डुलाएं जब तक वह फिर गहरी नींद नहीं लेने लगे। रात में साधारणतया बच्चा दो–तीन बार नींद से जगता है। अगर हरेक बार उसे फिर से सुलाने के लिए माँ को उसे हिलाना डुलाना तथा लोरी सुनाना पड़े तो माँ की ही नींद पूरी नहीं होगी।

- बच्चे को यह आदत नहीं पड़ने दें कि उसकी माँ ही हमेशा उसे सुलाने का प्रयत्न करे। अत: पिता या परिवार के अन्य सदस्यों को भी यह काम करना चाहिए।
- अच्छी नींद के लिए उपयुक्त वातावरण बनाना चाहिए—शांति तथा कमरे में अंधेरा। कोई पसंदीदा खिलौना पास में रखें। रंग बिरंगी पुस्तक दिखा सकते हैं।
- सोने से पहले हल्के गुनगुने पानी से नहलाना। एक साल तक पीठ के बल सुलाना आदि।
- अगर बच्चे को अलग बिस्तर पर सुलाना चाहते हैं तो ध्यान रखें कि उसके बिस्तर से नीचे लुढ़कने की संभावना नहीं हो।
- खाना सोने से 1-2 घंटे पहले दें। सोते समय 1 कप दूध बहुत है।
- सोने तथा जगने के नियमित समय का पालन करें जिससे बच्चा रोजाना एक निश्चित समय पर सो जाए।

सुलाने के लिए जबरदस्ती नहीं करें अगर बच्चा सो नहीं रहा है।

मेरा बच्चा 1½ वर्ष का है। सोने के लिए वह हमेशा मेरी बांहों में झूलना चाहता है। हमेशा उसे नींद में जाने के लिए हिलाना-डुलाना पड़ता है। इस आदत को कैसे छुड़ाएं?

बच्चे को इसकी आदत डालने वाले आप ही हैं। इस आदत को छुड़ाने के लिए सोते समय बच्चे को बड़े आकार की गुड़िया दें जिसे वह अपने से चिपका कर सोए। फिर कमरे की बत्तियां बुझा दें। अगर हिलाने–डुलाने के लिए रोने लगे तो अनसुना करें। धीरे–धीरे वह समझ जाएगा कि उसे कोई हिलाने–डुलाने वाला नहीं है—फिर अपने-आप सो जाएगा।

मेरा 1½ साल का बच्चा रात में जग कर दूध पीता है। क्या यह सही है?

अगर सोने के ठीक पहले आप उसे दूध पिलाती हैं तो नींद से जगने के बाद वह सोने के लिए फिर दूध पीना चाहेगा क्योंकि वह समझने लगता है कि नींद आने के लिए दूध पीना जरूरी है। 6 महीने का होने के बाद बच्चे को रात के दूध की आवश्यकता नहीं रहती।

मेरी चार वर्षीय बच्ची को रात के बारह बजे तक जगे रहने की आदत हो गई है। अगर पहले सुलाने की मैं कोशिश करती हूं तो वह विरोध करती है। क्या करुं?

घर में शांति का वातावरण तैयार करें। सही समय पर बत्तियां बुझा दें। इस प्रकार उसे जल्दी सोने की आदत पड़ जाएगी।

मेरी बच्ची 3 साल की है। हरेक रात वह 9 बजे सो जाती है। कई बार वह 10–11 बजे रात में उठ कर चिल्लाने लगती है। चुप कराने की कोशिश करने पर और जोर–जोर से चिल्लाने लगती है। कुछ मिनटों के बाद वह खुद–ब–खुद फिर सो जाती है। क्या कारण हो सकता है?

रात में डर कर उठने की समस्या अनेक बच्चों में होती है। धीरे–धीरे ठीक हो जाएगा। चिंता करने वाली बात नहीं है।

मेरी 3 साल की बच्ची को नींद में चलने की आदत है। क्या करें?

साधारणतया सोने के 1 से 2 घंटे के बाद ऐसी आदत वाला बच्चा उठ कर चलने लगता है। बड़ा होने पर यह आदत छूट जाती है। तब तक ध्यान रखें कि नींद में चलते समय किसी घातक वस्तु से वह टकराएं नहीं। घर में ऐसी वस्तु हटा दें। चलते समय उसे जगाने के बजाय धीरे–धीरे उसे बिस्तर के पास लौटा कर ले आएं। वह फिर बिस्तर पर सो जाएगी।

मेरा बच्चा 5 वर्ष का है। उसे नींद में दुःस्वप्न आता है। वह चिल्ला कर जग जाता है। क्या करें?

दुःस्वप्न की समस्या बड़ों में भी होती है। उसे फिर से सुला दें। अगर वह किसी बात को लेकर तनाव में है तो उससे बात करें तथा तनाव दूर करने की कोशिश करें। उससे उसके स्कूल व मित्रों की बात करें।

मेरी 10 माह की बच्ची नींद में उठ कर बैठ जाती है तथा शरीर को हिलाने लगती है या सिर मारने लगती है। क्या करें?

बड़ी होने पर ठीक हो जाएगी।

मेरा 1½ साल का बच्चा नींद में दांत कटकटाता है। क्या कारण है?

बहुत से बच्चों में ऐसा होता है। दिन के वक्त में होने वाले तनाव के कारण ऐसा होता है, यह मानना है। इसे Bruxism कहते हैं।

उसके तनाव को दूर करने की कोशिश करें। हो सकता है कि आप उसे जबरदस्ती खिलाते हैं जब वह खाना नहीं चाहता है। अथवा नहीं महसूस होने के बावजूद उसे समय पर मलत्याग करने की कोशिश करने के लिए बाध्य करते हैं। अथवा नींद नहीं आने पर भी उसे समय पर सोने के लिए बाध्य करते हैं। माता-पिता अलग-अलग आदतें न डालें।

मेरी बेटी 7 महीने की है। वह बिस्तर पर सिर इधर-उधर करती है। उसके पीछे के बाल उड़ गए हैं। क्या करूं?

यह आदत स्वयं चली जाएगी। बाल आ जाएंगे।

■■■

25

दांतों का निकलना

साधारणतया पहला दूध का दांत 6 माह का होने पर निकलता है। कुछ बच्चों में देर भी होती है। कुछ बच्चों में यह 13 माह की उम्र होने पर निकलता है।

कुल मिलाकर 20 दूध के दांत निकलते हैं। ये बच्चे के 20 से 32 महीने का होने तक निकलते रहते हैं।

छः वर्ष का होने पर पक्के दांत निकलते हैं। सभी पक्के दांतों के निकलने में बच्चे की उम्र 17 से 20 हो जाती है। यदि अधिक समस्या हो तो डाक्टर की सलाह लें। **Vit D** या **Thyroid** की समस्या हो सकती है।

दांतों की देखभाल के लिए निम्न उपाय करें:—

- दूध का दांत निकलना शुरू होने के पहले ही ध्यान देना शुरू कर देना चाहिए। दूध पिलाने के बाद मसूड़े तथा जीभ को पोंछ कर साफ करना चाहिए। इसके लिए एक साफ–सुथरा मुलायम कपड़े का टुकड़ा भिगो लेना चाहिए।
- जब काफी संख्या में दांत निकल जाएं तब ब्रश का इस्तेमाल शुरू करें। तकरीबन 1 वर्ष की उम्र होने पर दो बार एक बार सोने के पहले अवश्य ब्रश कराना चाहिए। बच्चे के पीछे खड़े होकर अपनी तरफ बच्चे का सिर झुका कर ब्रश कराएं।

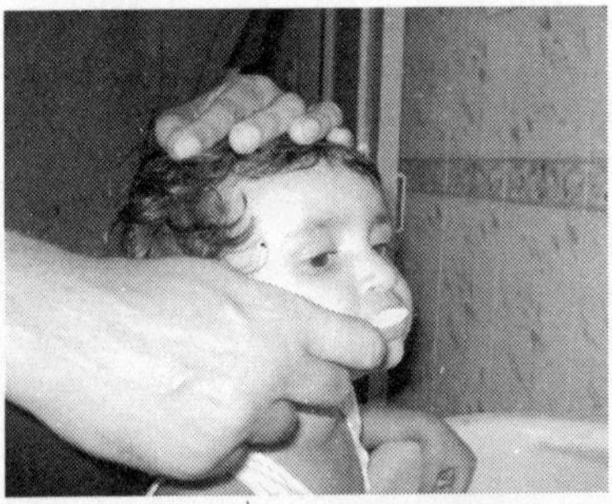

चित्र 45

- बच्चों को साधारणतया 6-7 वर्ष तक माता-पिता की निगरानी में ब्रश करना चाहिए।
- चार वर्ष की उम्र तक बच्चे को ब्रश कराने के लिए मटर के एक दाने के बराबर पेस्ट लें। ज्यादा लेना ठीक नहीं है क्योंकि बच्चे पेस्ट निगल सकते हैं।

  पेस्ट में फ्लोराइड ज्यादा होने से पेस्ट का इस्तेमाल दांतों को हानि पहुंचा सकता है। फ्लोराइड कम होने से भी हानि होती है—दांत सड़ जाते हैं। पीने के पानी में भी फ्लोराइड होता है। इसकी मात्रा की जांच होनी चाहिए, जिससे इसकी अधिकता या कमी के कारण होने वाली समस्या से बचा जा सके।
- कुछ दिनों के अन्तराल पर दांतों का फ्लॉसिंग करना चाहिए। इससे दांतों के बीच की जगह साफ हो जाती है जहां ब्रश नहीं पहुंच पाता है। बड़े बच्चों में ये किया जाता है।
- हरेक बार खाने या दूध, ड्रिंक पीने के बाद अच्छी तरह कुल्ला करके मुँह साफ करने की आदत बच्चों में डालनी चाहिए। खाने के पदार्थ का टुकड़ा या दूध की मिठास के मुँह में रह जाने से मुँह में बैक्टीरिया पनपते हैं जो दांतों में सड़न पैदा करते हैं। समय-समय पर दांतों के डाक्टर की सलाह भी लें।

मेरी बच्ची 7 महीने की है। उसके मुँह से काफी मात्रा में लार टपकती है। क्या कारण है?

हो सकता है कि उसके दूध के दांत निकलने वाले हों। इसके कारण बच्चे के मुँह में खुजलाहट तथा दर्द होता हो। उसे कुछ ठंडा पदार्थ चूसने के लिए दें। चबाने के लिए बना बनाया सामान बाजार में भी मिलता है। इसे फ्रिज में ठंडा करके चूसने के लिए दें। फ्रीजर में न रखी गाजर जैसी सब्जी भी दे सकते हैं।

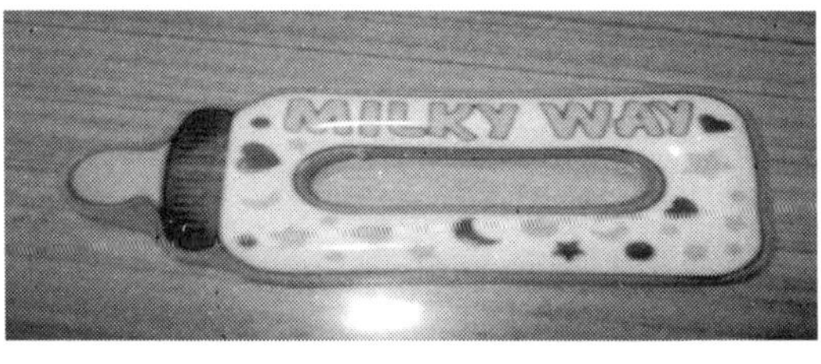

चित्र 46

दांत निकलते समय क्या दस्त भी होता है ?

यह गलत धारणा है कि ऐसा होता है। बुखार, दस्त संक्रमण से हो सकता है।

मेरा बच्चा 9 माह का हो गया लेकिन उसका पहला दांत नहीं निकला है। क्यों?

ज्यादातर 6–7 माह का होने पर पहला दांत निकल जाता है। कुछ में देरी होती है जिसका कारण विटामिन D की कमी, थाइरॉयड हॉरमोन की कमी, आदि। अगर किसी प्रकार की गड़बड़ी नहीं है तो भी पहला दांत आने में बच्चे की उम्र 13 माह भी हो सकती है। यह आनुवंशिक भी हो सकता है।

मेरा बच्चा 3 वर्ष का है। उसके ऊपरी जबड़े में निकले आगे के सभी दूध के दांत काले हो गए है। क्यों?

ऐसा उन बच्चों में होता है जो एक वर्ष की उम्र के बाद भी बोतल से दूध पीना जारी रखते हैं। बोतल और 'सिप्पी कप' कम इस्तेमाल करें। दांत साफ रखें और बार-बार खाने को न दें। डॉक्टर को दिखा कर समाधान करें।

मेरी बच्ची 7 वर्ष की है। उसके दांत बेतरतीब हैं। एक दूसरे के ऊपर चढ़े हुए है। क्या करें?

डॉक्टर को दिखा कर उपाय करें।

मेरी बच्ची के दांत में दर्द है। क्या करूं?

डाक्टर को दिखाएं।

■■■

26

मुँह

मुँह से संबंधित प्रश्नों को यहां नीचे उद्धृत किया जा रहा है:—

मेरा बच्चा 3 वर्ष का है। उसके जीभ के निचले भाग का आगे का हिस्सा तालू से सटा हुआ है। उसका ऑपरेशन कब कराना चाहिए?

अगर यह ज्यादा नहीं है तो इसके कारण उसकी बोली अस्पष्ट नहीं होगी और अधिक कुछ नहीं। अधिक समस्या हो तो डाक्टर को दिखाएं।

जरूरत होगी तो ऑपरेशन किया जा सकता है। यह 2-3 साल पर होता है।

मेरी बच्ची की जीभ के ऊपर काले छोटे-छोटे धब्बे हैं। क्या यह सामान्य बात है?

हां। चिंता नहीं करें।

मेरे बच्चे का मुँह दुर्गन्ध देता है। क्या करें?

मुँह की सफाई में कमी इसका कारण हो सकता है। नाक के रास्ते मुँह में आने वाली नाक की गंदगी से भी दुर्गन्ध हो सकती है। प्याज या अण्डे की दुर्गन्ध हो सकती है।

डॉक्टर से दिखाने पर कारण स्पष्ट हो जाएगा।

मेरी बिटिया 9 महीने की है। उसकी लार टपकती है। क्या यह ठीक है?

साधारणत: 5-6 महीने तक का होने तक लार टपकना बंद हो जाती है। कुछ बच्चों में 13-15 महीने तक लार टपक सकती है बिना किसी कारण के। दांत निकलने पर भी लार टपकती है। इस समय दांतों के लिए बनी चूसनी मदद करती है। मुलायम कपड़े से लार पोंछें और थोड़ी वैसलीन या क्रीम या गोले का तेल होठों के कोनों पर लगा सकते हैं जिससे त्वचा मुलायम रहे और संक्रमण न हो।

मेरे बेटे की जीभ पर सलेटी/greyish धब्बे से हैं?

यह geographic tongue कहलाती है। एक-दूसरे से मिल कर एक नक्शा-सा बन जाता है। डाक्टर की सलाह लें।

27

आँख, नाक, कान

इन अंगों की अनेक समस्याओं के बारे में यहां चर्चा की जा सकता है।

मेरा बच्चा 5 वर्ष का है। मुझे आँखों की दूर दृष्टि की समस्या है। अर्थात् दूर की चीजें साफ नहीं दिखती हैं। क्या इस दृष्टि दोष से मेरा बच्चा भी ग्रसित होगा?

हां। आपके बच्चे में भी यह दोष हो सकता है। क्या वह कहता है कि स्कूल की कक्षा में ब्लैकबोर्ड पर लिखावट स्पष्ट दिखाई नहीं देती है?

लोगों में धारणा है कि विटामिन A, जिसका एक अच्छा स्रोत गाजर होता है, खाने से दृष्टि दोष नहीं होता है। लेकिन इसके खाने से दूर दृष्टि के दोष में फायदा नहीं होगा। फिर भी विटामिन A से आँखों की रोशनी तेज होती है। हर 6 महीने में डाक्टर को दिखा सकते हैं।

मेरा बच्चा भैंगी आँखों वाला है। क्या करें?

वैसे तो कुछ प्रकार के भैगेपन से किसी प्रकार की समस्या नहीं होती है, परन्तु कुछ प्रकार के भैंगेपन में एक आँख की दृष्टि क्रमश: कम होती जाती है।

आँखों के डॉक्टर से जांच कराएं।

मेरी बच्ची के नाक से अक्सर खून आने लगता है। क्या करें?

डॉक्टर को दिखाकर उसके नाक की जांच कराएं। नाक में उंगली न डालने दें।

मेरा बच्चा 2 वर्ष का है। उसे अक्सर सर्दी–जुकाम होते रहता है। घरेलू उपचार बताएं।

अगर वह खूब छींकता है तो उसे धूल, आदि से ऐलर्जी के कारण सर्दी–जुकाम हो रहा है। धूल से बचाएं तथा नाक में सामान्य नमक के घोल की बूंदें डालें। 2–2 बूंदे दोनों नाक के छेदों में रोजाना चार बार। बंद नाक खुल जाएगी।

उस समय, जब उसे जुकाम नहीं है तो भी क्या वह मुँह से श्वास खींचता है?

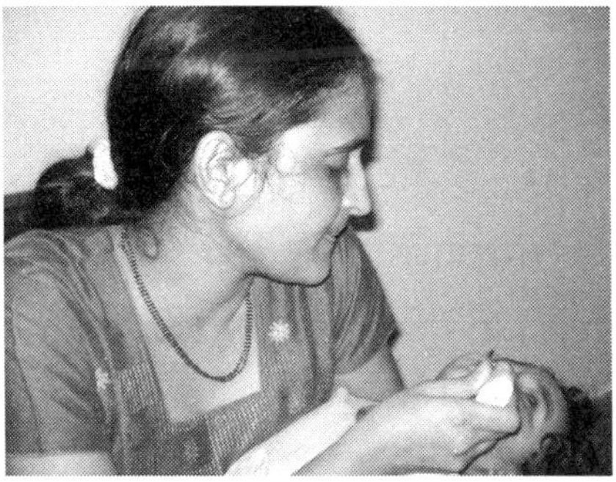

चित्र 47

अगर ऐसा है तो हो सकता है कि उसका टौंसिल बढ़ा हुआ हो। डॉक्टर को दिखाएं।

सर्दी जुकाम में यूं ही ऐंटिबायोटिक दवा नहीं दें।

मेरा बच्चा मुँह खोल कर सोता है। वह खर्राटे भी मारता है। अक्सर सर्दी जुकाम भी हो जाता है। क्या करें?

शायद उसका टौंसिल बढ़ा हुआ है। डॉक्टर को दिखाएं।

बच्चे के कान में जमा मैल कैसे निकालें?

समय–समय पर स्वतः कानों से मैल निकलता रहता है। अगर यह कानों में जमा होकर कठोर हो जाय तो इसे घुलाने वाली दवा की बूंदे कानों में डाल दें। दवा डालते समय कान को ऊपर की तरफ रखें।

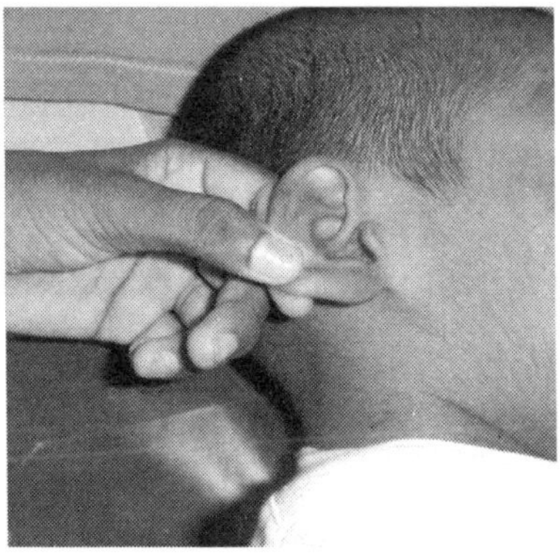

चित्र 48

दवा की चोंच को हाथ न लगाएं। दवा डालने के बाद कान का आगे का हिस्सा बंद करें जैसे चित्र 49 में दिखाया गया है।

नुकीली वस्तु से कान का मैल निकालना गलत है। इससे कान के पर्दों में छेद हो सकता है।

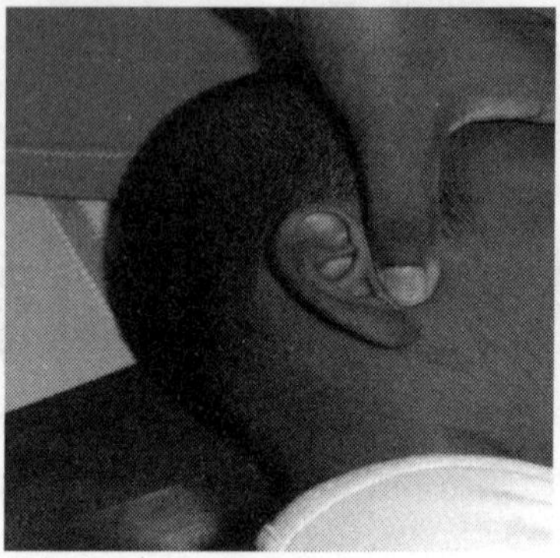

चित्र 49

बच्चे के कान में कीड़ा घुसने से उसे कैसे निकालें?

खुद से प्रयास नहीं करें। डॉक्टर की सहायता लें।

जब कभी बच्चे को जुकाम होता है, उसके कान में भी दर्द होता है। क्यों?

नाक को कान से एक नली जोड़ती है। जुकाम होने पर यह नली नाक के गाढ़े द्रव्य से भर जाती है तथा कानों में चली जाती है जिससे कानों में दर्द होने लगता है। कान में संक्रमण भी हो सकता है।

नाक में नमक के घोल की बूंदे डालें जिससे नाक तथा कानों में द्रव्य नहीं भरेगा। कान का दर्द भी ठीक हो जाएगा।

कान के संक्रमण को कभी अनदेखा न करें। आगे जाकर बहरापन हो सकता है। बिना वजह बच्चा रोए तो कान का संक्रमण जरूर देख लें। डाक्टर की सलाह लें।

मेरे बच्चे के कानों में पानी जैसा द्रव्य पिछले एक माह से निकल रहा है। क्या करें?

शीघ्र डॉक्टर को दिखाएं। उसके कानों में संक्रमण हो सकता है। उसके कानों के पर्दे में छेद भी हो सकता है। स्नान के समय उसके कानों को रुई से बंद कर दें। जिससे कान के अंदर पानी नहीं घुसे।

मेरे बेटे को पिछले महीने कान में संक्रमण हुआ था। डाक्टर कहता है कि उसके कान के पर्दे में छोटा छेद है। क्या वह बहरा हो जाएगा?

नहीं। छोटे छेद खुद व खुद बंद हो जाएंगें। बड़े के लिए इलाज कराना पड़ेगा।

मेरी बेटी 9 महीने की है, वह कई बार आवाज नहीं सुनती। क्या करूं?

तुरंत डाक्टर को दिखाएं। जितनी जल्दी इलाज हो, बोली पर उतना कम असर आता है।

हवाई यात्रा में बच्चे के कान में दर्द न हो—इसके लिए क्या करें?

कानों को रुई से बंद कर दें। हवाई जहाज के उड़ते तथा उतरते समय उसे कुछ भी चूसने के लिए दें। माँ अपना दूध भी पिला सकती है।

■■■

28

त्वचा, सिर, केश

बच्चे की त्वचा अत्यंत कोमल होने के कारण अनेक प्रकार के संक्रमण, फोड़ों तथा चकत्तों से प्रभावित हो सकती है। त्वचा का रूखा हो जाना भी एक समस्या है।

त्वचा, सिर, केश से संबंधित सावधानियों तथा गलत धारणाओं का निवारण नीचे दिए गए प्रश्नों एवं उनके उत्तर के जरिए दिया जा रहा है।

बच्चे के शरीर तथा सिर पर नारियल अथवा जैतून तेल से मालिश करें। यह बच्चे को नहलाने के एक घंटे पहले करनी चाहिए। साबुन तथा शैम्पू कम क्षारीय (alkaline) होने चाहिए। नहलाने के बाद तौलिये से पोंछने के तुरन्त बाद, जब त्वचा अभी नम हो, क्रीम लगानी चाहिए। इससे त्वचा की नमी बनी रहती है। सूखी त्वचा वाले बच्चे के लिए ऐसा करना अच्छा रहेगा।

गरमी के मौसम में बच्चे की गर्दन, कांख तथा अन्य रगड़ खाने वाले शरीर के भाग पर पाउडर लगाना चाहिए। अन्य भागों पर पाउडर लगाने से पसीना निकालने वाली शरीर के त्वचा पर के छिद्रों के बंद होने से समस्या होगी। पाउडर उचित होना चाहिए।

अधिक प्रसाधन इस्तेमाल न करें कोई भी नई क्रीम या पाउडर लगाने से पहले देख लें कि उससे ऐलर्जी न हो।

अधिक कसे हुए वस्त्र न पहनाएं। सूती, ढीले-ढाले वस्त्र पहनाएं।

कंघे सब के अलग हों। हर कुछ दिनों में अच्छी तरह धो लें।

हमेशा ध्यान रहे कि बगल/कांख/उंगली के बीच में, गर्दन, अच्छी तरह सूखे हों, गीले न रहें, नहीं तो संक्रमण हो जाएगा।

होठों पर घी या गोले का तेल लगा सकते हैं। नीचे मल/पेशाब आदि का स्थान भी सूखा होना चाहिए।

बिना सुगंध वाले प्रसाधन शिशु के लिए हमेशा बेहतर होते हैं।

पौष्टिक आहार, अच्छी नींद, तथा पर्याप्त मात्रा में पानी पीना मुलायम, चमकदार त्वचा तथा केश के लिए महत्वपूर्ण होता है।

त्वचा पर फुंसी (गर्मी के कारण) होने पर क्या करें?

कैलेमीन लोशन से चुनचुनाहट कम होती है। ढीला–ढाला सूती वस्त्र पहनाना चाहिए। बगल, कोहनी, गर्दन आदि पर पाउडर लगा सकते हैं।

मेरा बच्चा 5 वर्ष का है। उसके चेहरे पर सफेद धब्बे दिखते हैं। क्या करना चाहिए?

ऐसा होना आम बात है। सूखी त्वचा पर यह समस्या ज्यादा असर करती है। चेहरे पर क्रीम लगाएं। पर्याप्त मात्रा में फल तथा सब्जी खाने से लाभ होता है। डाक्टर से सलाह लें।

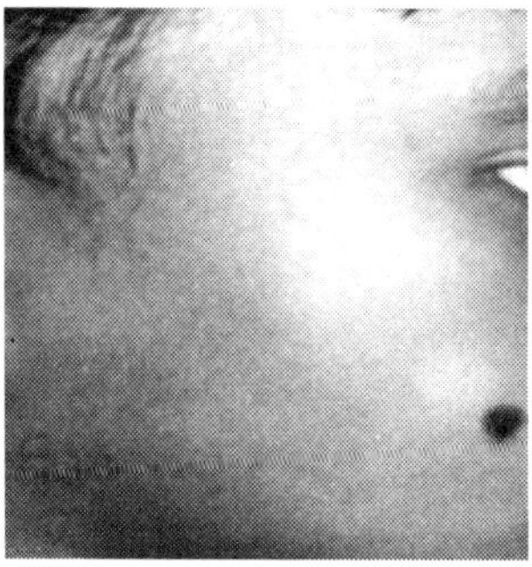

चित्र 50

मेरी 6 वर्षीय बच्ची के केश में जूं की भरमार है। इससे छुटकारा कैसे मिलेगा?

खोपड़ी पर 1% परमेथरीन का घोल लगाएं। एक घंटे के बाद सिर को धो कर साफ कर दें। आंख या मुँह में न जाए।

एक सप्ताह के बाद ऐसा दोबारा करें।

बाजार में जूं हटाने के लिए शैम्पू भी मिलता है।

मेरा बच्चा 5 साल का है। उसकी नाक के पास फोड़ा हो जाता है तथा उसके चेहरे पर भी। क्या करें?

एक बाल्टी गरम पानी में डिटॉल डालें जिससे उसे रोज नहलाया करें। फोड़े को उंगलियों से स्पर्श करने से मना करें। इससे अन्य जगह भी यह फैल सकता है। डाक्टर की सलाह लें।

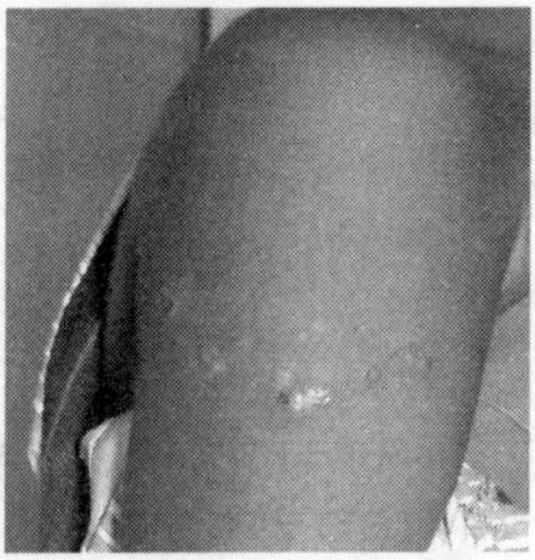

चित्र 51

स्केबीज क्या होता है?

यह एक प्रकार के कीट, जिसे स्केबी कहते हैं, का त्वचा के अंदरूनी सतह में जमा होने से होता है। इसके कारण अत्यंत खुजली होती है तथा शरीर पर खास करके—हाथों तथा नितंब पर–मच्छर के काटने पर दाने जैसे दाग भर जाते हैं।

एक व्यक्ति की त्वचा का अन्य की त्वचा से संपर्क होने से यह बीमारी बहुत जल्द फैलती है। एक के प्रभावित होने पर घर के सभी सदस्यों का एक साथ उपचार आवश्यक हो जाता है। डाक्टर की सलाह अवश्य लें। सब के वस्त्र धो कर धूप में सुखाएं। बिस्तर के कपड़े भी।

दाद–खाज क्या होता है?

यह त्वचा के फंगस से संक्रमित होने पर होता है। पसीना तथा गंदा रहने पर भी यह होता है। इसके संक्रमण से त्वचा पर गोलाकार दाग बन जाता है जिसका बीच का हिस्सा दबा हुआ होता है।

इसे ठीक करने के लिए बाजार में मलहम उपलब्ध है। मलहम कई दिनों तक लगाना पड़ सकता है। डाक्टर की सलाह लें।

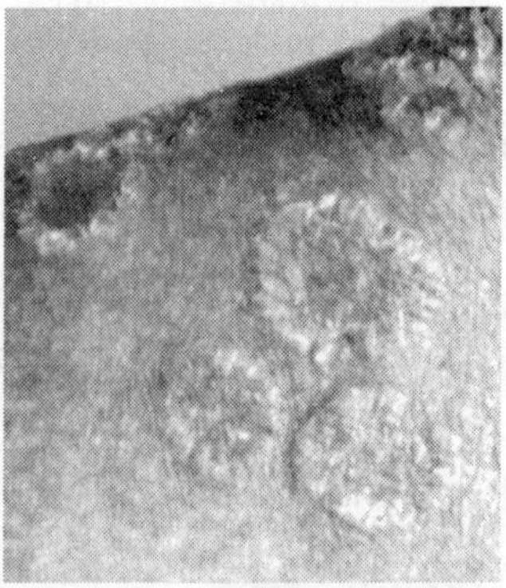

चित्र 52

■■■

29

योनि अंग

इससे संबंधित समस्याएं हैं—अंग का आकार, आगे की त्वचा का तना हुआ होना, अंडकोष में एक अंड का नहीं होना आदि।

इसके अतिरिक्त बच्चे की अपने योनि अंग को छूते रहने की आदत की समस्या।

इस संबंध में आवश्यक जानकारियां—

मेरा बच्चा 3 साल का है। वह हमेशा अपना योनि अंग छूते रहता है। मुझे बहुत शर्म होती है। क्या यह ठीक है?

इस उम्र के बच्चे में यह सामान्य आदत है। उसे डांटने के बजाए उसका ध्यान अन्य बातों में लगाएं, जैसे उसके खिलौने, चित्र–पुस्तिका, आदि।

मेरे बेटे के अण्डकोष में एक की अपेक्षा दूसरी गोली का आकार बड़ा है। उसका काछ भी फूल जाता है, जो उसके रोते समय ज्यादा हो जाता है। ऐसा क्यों?

हो सकता है कि उसे हर्निया की समस्या हो जिसके लिए ऑपरेशन की जरूरत होगी।

अन्य कारण उसके अण्डकोष में पानी जमा हो जाना भी हो सकता है।

स्नान के समय मेरे बच्चे का अण्डकोष अंदर घुस जाता है। क्या यह सामान्य बात है?

हां।

मैं अपने बच्चे के पेनिस के सामने वाली त्वचा को पीछे खींच कर साफ करना चाहती हूं तो पीछे की तरफ नहीं हटा पाती हूं। बच्चा अभी 10 माह का है।

कभी भी जबरदस्ती पीछे खींचने की कोशिश नहीं करें। गंभीर परिणाम हो सकते हैं।

कुछ बच्चों में आगे वाले भाग की त्वचा जुड़ी हुई जगह से देर में अलग होती है।

30

पेशाब करने, मल निष्कासन की आदत डालना

साधारण तौर पर 18 माह की उम्र होने तक शिशु को पेशाब करने, मल निष्कासन की जरूरत का आभास होने लगता है। इसी उम्र में बच्चे को दूध पिलाने अथवा पानी पिलाने के बाद पैंट खोलकर मल त्याग करने की पोजिशन में बैठाना शुरू करें। उसे धीरे–धीरे पेशाब करने या मल त्याग करने की आदत पड़ जाएगी। बाद में जब उसे पेशाब करने या मल त्यागने की जरूरत का आभास होगा तो वह माँ को बताने का प्रयास करने लगेगा।

अधिकतर बच्चे दो साल के होने तक पेशाब या मल त्यागने की सही आदत सीख जाते हैं। कुछ 18 महीनों पर भी वे अपनी माँ को पेशाब या मल त्यागने की इच्छा बता कर उसे रोक भी सकते हैं जब तक Potty Seat तक न पहुंचें।

2½ साल तक अधिकतर बच्चे दिन में अपनी पेंट गीली नहीं करते। रात में आदत बाद में पड़ती है।

लड़कियां 4 साल की उम्र में और अधिकतर लड़के 5 साल तक बिस्तर गीला करना बंद कर देते हैं।

निम्नलिखित बातों का ध्यान रखें:—

- माता-पिता स्वयं पॉटी सीट पर बैठते समय बच्चे को दिखा सकते हैं।
- पेशाब या मल त्याग पॉटी में कराएं, फिर उसे साफ करते हुए बच्चे को भी दिखाएं जिससे उसे समझने में मदद मिलेगी कि अन्य जगह पर मल त्यागना गलत है।
- जब भी बच्चे के चेहरे के भाव से लगे कि वह पेशाब करना या मल त्याग करना चाहता है, तो उसे पॉटी पर बैठा दें। बैठे रहने के दौरान उसे बातों में उलझा कर रखें। ऐसा करना बच्चे को अच्छा लगेगा। इस प्रकार उसे सीख मिलेगी कि जब तक उसे पॉटी पर बैठाया नहीं जाए, वह पेशाब अथवा मल को रोक कर रखे।

डायपर का इस्तेमाल करने से बच्चा पॉटी का उपयोग करना सीखने में देर करता है। क्योंकि "पॉटी" तक जाने की अपेक्षा डायपर में पेशाब करना या मल त्यागना सुविधाजनक लगेगा।

चित्र 53

चित्र 54

- बाजार में कई तरह की पॉटी सीट मिलती है। उन्हें इस्तेमाल करके देखें।

  किसी भी बच्चे को डरा धमका कर या जबर्दस्ती आप यह आदत नहीं डाल सकते। अगर बच्चा कहा न माने तो कुछ दिन छोड़ कर फिर दोबारा कोशिश करें।

  बच्चे को स्नान घर में लगे नल आदि से खेलने दें।

  अधिकतर बच्चे जिन को यह आदत नहीं पड़ती वो इसलिए कि माँ अधिक जल्दबाजी करती है और जल्दी परेशान हो जाती है।

मेरा बच्चा 4 साल का है। रात में वह बिस्तर पर पेशाब कर देता है। क्या करें?

लड़के इस आदत को लड़कियों की अपेक्षा देरी से छोड़ते हैं। आपका बेटा भी 5 वर्ष की उम्र तक ऐसा करना बंद कर देगा।

मेरा बेटा 6 वर्ष का हो गया है, परन्तु अभी भी बिस्तर पर पेशाब कर देता है। क्या करें?

अगर वह दिन के समय में पैंट में पेशाब नहीं करता है तो इसका अर्थ है कि उसे अपने स्नायुतंत्र पर नियंत्रण की समस्या नहीं है।

उसे सोने के समय से आधा घंटा पहले से पानी पिलाना बंद कर दें। सोने के पहले उसे पेशाब करा दें। सोने के 3 घंटे पश्चात् उठा कर फिर पेशाब करा दें। उसे रात में बार–बार नींद से नहीं उठाएं।

अगर बिस्तर गीला नहीं करे तो उसे शाबासी दें। लेकिन अगर कर भी दे तो उसे डांटना गलत होगा। इस प्रकार से इस समस्या का निदान संभव है।

मेरी बेटी 6 वर्ष की हो गई है। वह रात में बिस्तर पर पेशाब कर देती है। दिन में भी कम से कम एक बार पैंट में पेशाब कर देती है। क्या करें?

डॉक्टर को दिखाएं। हो सकता है कि उसे पेशाब में संक्रमण हो गया हो, अथवा उसके पेशाब की थैली तथा निष्कासन नली में किसी प्रकार की गड़बड़ी हो। उसे समझाएं कि वह बार–बार टायलेट जाया करे। उसे इसके लिए डांटना ठीक नहीं है। कब्जी या पेट में कीड़े की समस्या भी हो सकती है। जांघिए में कपड़ा या रुई लगा सकती हैं जिससे वह औरों के सामने शर्म न महसूस करे। उसकी टीचर से भी बात करें। बच्चे के आगे झगड़ें नहीं।

मेरी बेटी 6 वर्ष की है। जब वह 3 साल की थी तभी से बिस्तर पर नींद में पेशाब करना बंद हो गया था। लेकिन अब उसने फिर से बिस्तर पर पेशाब करना शुरू कर दिया है। क्या कारण हो सकता है?

पेशाब में संक्रमण, कब्जियत, पेट में कृमि का होना कारण हो सकता है। जांच करा के पता करें। अन्यथा, हो सकता है कि स्कूल में साथ खेलने वाले बच्चों से किसी प्रकार की समस्या झेल रही हो जिसके कारण तनाव में रहती है। उससे बात कर के जानने की कोशिश करें।

मेरा बेटा 5 वर्ष का है। अभी भी वह पैंट में पेशाब, पाखाना कर देता है। क्या करें?

कब्जियत के कारण बच्चा मल को रोके रखता है जो निकल कर पैंट में लग जाता है। उसकी कब्जियत को दूर करने का उपाय करें।

मेरा बच्चा 2 साल का है। दो दिन से उसके पेशाब का रंग लाल है। क्या कारण है?

भोजन के पदार्थ रंगे होने के कारण, जैसे चुकंदर अथवा खा रही दवा में लाल रंग का पदार्थ होने के कारण पेशाब लाल रंग का हो रहा हो। डॉक्टर को दिखा कर सुनिश्चित कर लें कि किसी प्रकार का अन्य कारण तो नहीं है।

मेरी 2 साल की बच्ची को रह–रह कर पेशाब का संक्रमण हो जाता है। क्या करें?

बच्चियों में पेशाब के संक्रमण की शिकायत आम बात है। कारण यह है कि उनका मलद्वार तथा मूत्रद्वार आसपास स्थित होता है। अत: मल त्याग के बाद मलद्वार साफ करते समय मल में मौजूदा बैक्टीरिया आसानी से मूत्रद्वार के पास चले जाते हैं, तथा मूत्र निष्कासन नली से होकर पेशाब की थैली में चले जाते हैं जिससे इस संक्रमण की समस्या हो जाती है।

इससे बचाव के लिए उसके मलद्वार को आगे से पीछे की तरफ कर धोएं जिससे बैक्टीरिया आगे बढ़ कर मूत्रद्वार तक नहीं जा पाए।

कुछ बच्चों को कई साल तक पेशाब के संक्रमण के लिए दवाइयां खानी पड़ती हैं।

■ ■ ■

31

संक्रमण, बुखार, आदि

बच्चों को संक्रमण से सुरक्षा देने के लिए माता–पिता को संक्रमण के कारणों का ज्ञान होना आवश्यक है।

बच्चे को संक्रमण तथा कीट आक्रमण से बचाने के लिए कुछ सुझावः—

- बच्चे को उबाला हुआ पानी पिलाना। आधुनिक मशीन से साफ किये हुए पानी को भी उबालना श्रेयस्कर है। पानी में बुलबुले उठने के दस मिनट बाद तक पानी उबालें।
- भोजन अच्छी तरह पकाया जाना चाहिए। पकाने से उसमें मौजूद बैक्टीरिया मर जाते हैं।
- सलाद या फल भी अच्छे से धोकर काटने चाहिए।
- भोजन कराने से पहले साबुन से अच्छी तरह हाथ धो लें।
- घर को मक्खी, कोक्रोच, आदि से मुक्त रखें।
- मच्छर के काटने से बच्चे को बचाएं।
- सर्दी–जुकाम, बुखार से ग्रसित व्यक्ति से बच्चे को दूर रखें।
- अगर आप छींकते हैं या नाक साफ करते हैं, तो बच्चे को स्पर्श करने से पहले साबुन से हाथ साफ कर लें।
- नियम के अनुसार बच्चे का टीकाकरण होना चाहिए।
- अगर परिवार में किसी को त्वचा का संक्रमण हो, तो उससे तथा उसके बिस्तर से बच्चे को दूर रखें।
- स्नान के बाद बच्चे के शरीर को अच्छी तरह से सुखा लें। त्वचा भीगी रहने से खाज–खुजली का संक्रमण हो सकता है।
- घर में जिस जगह ज्यादा लोग हों, वहां से बच्चे को दूर रखें।
- मल द्वार धोते समय पेशाब को संक्रमण से बचाने के लिए सुझाये गये उपाय का पालन करें।
- स्नानघर के कूड़े, पॉटी सीट इत्यादि अत्यंत साफ रखें। हर कुछ दिन में Disinfectant इस्तेमाल करें।

- सब नालियां तथा कूड़ादान साफ रखें।
- डायपर समय पर बदलें।
- नाखून काटते रहें।
- Vit C भरपूर मात्रा में दें।

मेरा बच्चा 3 साल का है। उसके मल में कीड़े आ रहे हैं। कैसे ठीक होगा?

डॉक्टर को दिखाकर कीटनाशक दवा दें। प्रत्येक छः माह के अन्तराल पर यह दवा दें, जब तक बच्चा बड़ा होकर साफ–सफाई का खुद ध्यान करने लायक नहीं हो जाए। कीड़ों से anaemia भी हो सकता है।

क्या यह सच है कि ज्यादा मिठाई खाने से बच्चे के पेट में कीड़े हो जाते हैं? या शरीर पर फोड़े-फुंसी होते हैं?

बिल्कुल नहीं! मिठाई ज्यादा खाने से दांत सड़ सकते हैं या उनमें संक्रमण हो सकते हैं, अगर मिठाई खाने के बाद मुँह अच्छी तरह साफ नहीं किया जाए।

बुखार मापने के लिए थर्मामीटर का उपयोग कैसे किया जाना चाहिए?

जब तक बच्चा समझदार उम्र का नहीं हो जाए, तब तक थर्मामीटर को मुँह में डालकर बुखार नहीं मापना चाहिए। दांतों से दबा कर बच्चा थर्मामीटर को तोड़ सकता है जिससे पारा शरीर में गंभीर समस्या पैदा कर सकता है। इसीलिए थर्मामीटर को बांह के नीचे त्वचा से सटा कर रखा जाता है। (दुर्घटना से बचाव अध्याय का अंतिम प्रश्न भी पढ़ें।)

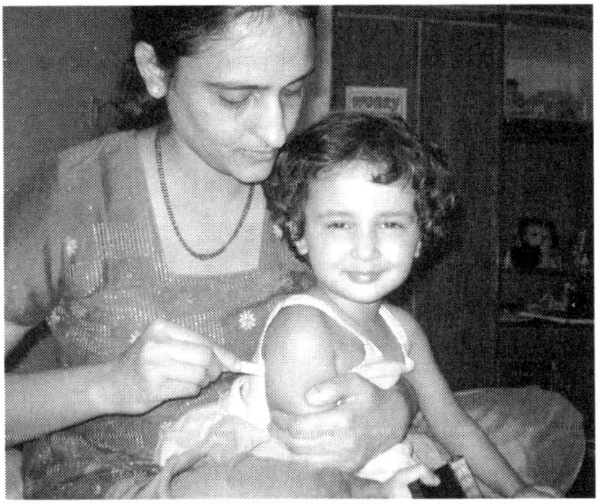

चित्र 55

अगर शरीर का तापमान 99° F से ज्यादा हो तो उसे बुखार है।

बुखार देखते समय बच्चे को अकेला न छोड़ें।

बुखार नियंत्रित करने का घर में क्या उपाय है?

बच्चे को पैरासिटामोल का खास तैयार सिरप देना चाहिए। अगर तेज बुखार हो तो डॉक्टर को दिखाएं।

मेरा बच्चा 3 साल का है। जब भी उसे बुखार होता है, तो उसे बेहोशी या दौरा आता है। क्या करें?

यह समस्या 6 माह से 6 साल तक के बच्चे में होता है। पैरासिटामोल सिरप से बुखार तेज होने से रोकें। फिर डॉक्टर से बेहोशी का कारण पूछें।

इस उम्र में बुखार से होने वाले दौरे को 'Febrile fits' कहते हैं। डाक्टर से सलाह लें।

बुखार होने पर बच्चे को क्या ज्यादा कपड़ों से ढंक कर रखना चाहिए?

नहीं! जितना जरूरी होता है उतने ही कपड़े पहनाएं।

मेरे बच्चे को दो दिनों से गले में दर्द, कफ, तथा बुखार है। क्या करना चाहिए?

डॉक्टर को दिखाएं। अगर बैक्टीरिया का संक्रमण होगा तो उसे डॉक्टर ऐंटिबायोटिक देने की सलाह देंगे। पूरा कोर्स ऐंटिबायोटिक का नहीं देने से संक्रमण पूरी तरह ठीक नहीं होने के कारण भविष्य में हृदय के वाल्व (valve) को संक्रमित कर सकता है। तथा इससे वाल्व खराब हो सकता है। अत: गले में संक्रमण होने पर उसके उपचार का कोर्स अवश्य पूरा होना चाहिए। गले का दर्द ठीक होते ही कोर्स के बीच में उपचार बंद नहीं होना चाहिए।

मेरे बच्चे को बढ़ा हुआ टौंसिल है। इसका ऑपरेशन कराना जरूरी है?

टौंसिल शरीर के अंदर संक्रमणकारी जीवाणु जाने से रोकता है। अत: इसको उपयुक्त उपचार से ठीक करना श्रेयस्कर है।

अगर टौंसिल के बढ़ने से श्वास लेने में रुकावट होती हो तो इसे ऑपरेशन कर के हटाने की जरूरत हो सकती है।

बुखार या अन्य बीमारी के ठीक होने के बाद बच्चे को किस प्रकार का भोजन दिया जाना चाहिए?

बीमारी ठीक होने के बाद स्वास्थ्य लाभ के दौरान बच्चे को सामान्य से अधिक कैलोरी का भोजन देना चाहिए। उसे प्रोटीन की मात्रा भी अधिक चाहिए। अधिक मात्रा में फल तथा सब्जी भी दें।

फ्लू क्या होता है?

इसके कारण बुखार, कफ, सर्दी जुकाम, तथा शरीर में ऐंठन का सम्मिलित प्रकोप होता है। यह बीमारी बैक्टीरिया के बजाय वाइरस के संक्रमण से होती है। सामान्यत: यह एक मौसमी बीमारी है तथा एक से दूसरे व्यक्ति में फैलती है। बुखार कम करने की दवा लेना काफी होता है। एक सप्ताह के अंदर यह स्वत: ठीक हो जाती है। इसकी रोकथाम के लिए प्रभावित व्यक्ति के शरीर की प्रतिरोधक क्षमता काम आती है। इसी लिए शिशु के टीकाकरण में फ्लू का भी टीका दिया जाता है।

बुखार में बच्चों को भूखे रखना चाहिए?

कभी नहीं! सच तो यह है कि बुखार होने पर सामान्य से अधिक कैलोरी युक्त भोजन दिया जाना चाहिए। लेकिन बुखार के कारण खाने की इच्छा मर जाती है। अत: अधिक स्वादिष्ट भोजन देना चाहिए जो उसे पसंद हो। जबरदस्ती नहीं खिलाएं। संतुलित भोजन के अतिरिक्त अलग से विटामिन तथा मिनरल युक्त पदार्थ खिलाना चाहिए।

कहा जाता है कि संतरा, दही, आदि खिलाने से बच्चे को सर्दी–जुकाम होता है। क्या यह सही है?

नहीं! सच तो यह है कि इन पदार्थों में विटामिन C होने से शरीर की सर्दी–जुकाम से लड़ने की क्षमता बढ़ती है।

कुछ बच्चों में ठंडे भोज्य पदार्थ खाने से सर्दी–जुकाम होने की स्वाभाविक प्रतिक्रिया होती है। वैसा होने पर इन सब पदार्थों को खाने से बचना चाहिए।

स्वाइन फ्लू क्या होता है?

मौसमी फ्लू जैसा इसमें भी शुरू में बुखार, सर्दी–खांसी, शरीर में दर्द होता है।

लेकिन अगर 3–4 दिनों तक यही स्थिति बनी रहे तथा उल्टी, दस्त होने लगें तथा पेशाब कम होने लगे, श्वास लेने में कठिनाई होने लगे, कमजोरी, बिस्तर से उठना मुश्किल हो जाए, तो डॉक्टर के पास ले जाएं। स्वाइन फ्लू हो सकता है। इसका शीघ्र इलाज होना जरूरी है।

इस बीमारी का भी टीका लगता है।

■■■

32

ऐलर्जी तथा अस्थमा/दमा

ऐलर्जी एक प्रतिक्रिया है जो शरीर अपने अंदर बाहरी पदार्थ के घुस जाने पर प्रदर्शित करता है।

यह पदार्थ धूल, भोज्य वस्तु, पराग कण (pollen grain), कीड़े के काटने से जहर, आदि होता है।

इसके अतिरिक्त त्वचा का कपड़ा, पत्ता, प्रसाधन–वस्तु, आदि के स्पर्श से भी ऐलर्जी पैदा होती है जो त्वचा पर चकत्ता, दानेदार फुंसी के रूप में प्रकट होती है। इसके अतिरिक्त त्वचा पर खुजलाहट, श्वास की सीटी जैसी आवाज, श्वास लेने में कठिनाई, कफ, छींक, आँखों से पानी बहना, सर्दी–जुकाम, पेट में मरोड़, उल्टी, दस्त, में से एक या अनेक परेशानियां हो सकती है। खारा बात यह है कि जिस बच्चे को **6** माह तक केवल स्तनपान पर रखा जाता हैं, उसे यह परेशानी अपेक्षाकृत कम होती है। खाद्य पदार्थ—जैसे बादाम, गाय का दूध, अण्डे की सफेदी, गेहूं, मटर, सोयाबीन, आदि—से होने वाली ऐलर्जी बच्चे की एक साल की उम्र के बाद घटने लगती है।

ऐलर्जी से बच्चे को कैसे सुरक्षित रखें?

ऐसे खाद्य पदार्थ जिनसे ऐलर्जी होती है, बच्चे को नहीं दें। कुछ दवाएं भी उपलब्ध हैं जो ऐलर्जी के प्रभाव को कम करती हैं। त्वचा की ऐलर्जी के उपचार के लिए प्रभावी मलहम भी मिलते हैं।

ऐलर्जी कितनी गंभीर हो सकती है?

किसी-किसी ऐलर्जीकारक वस्तु की प्रतिक्रिया स्वरूप प्राण संकट में पड़ जाते हैं। श्वॉस रुकने लगता है, जिसके चलते व्यक्ति को तुरंत प्रभावी दवा देना आवश्यक हो जाता है, जैसे एपीनेफ्रीन।

दमा क्या होता है?

इस बीमारी में श्वास नली के निचले भाग में रुक–रुक कर मरोड़ होने लगते हैं जिससे श्वास लेना कठिन हो जाता है।

अक्सर दमे का दौरा स्वत: समाप्त हो जाता है। अन्यथा श्वास के साथ नाक/मुँह से खींचने के लिए दवा मिलती है जो आराम देती है।

यदि माँ-बाप को दमा है तो बच्चों में भी यह हो सकता है।

घर को ऐलर्जीकारक धूल, कॉकरोच, गद्दे में रहने वाले कीट, आदि से मुक्त रखें। गद्दा, कार्पेट, आदि को समय–समय पर झाड़ कर धूप में सुखाएं। कूलर, ए.सी. में नमी के कारण वहाँ फंगस पैदा हो जाते हैं, जो नाक से अंदर जाने पर ऐलर्जी का कारण बनते हैं। इससे दमा का दौरा हो सकता है। इसके दौरे को कंट्रोल करने के लिए प्रभावी दवा मिलती है जिसे मुँह के द्वारा अंदर खींचा जाता है।

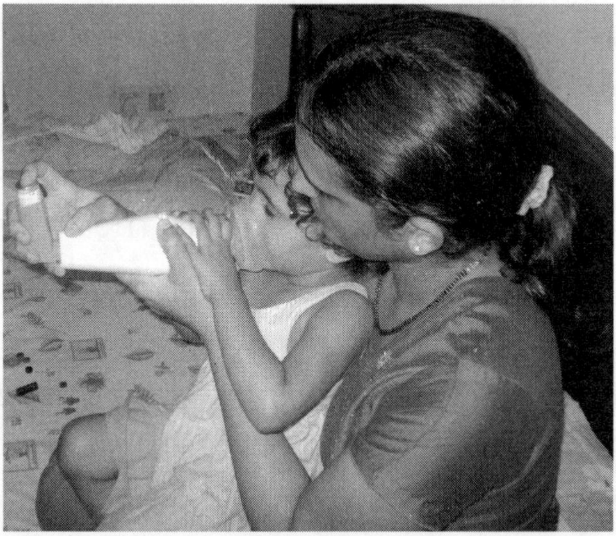

चित्र 56

डॉक्टर से जानकारी लें कि दमे का दौरा, जो घर, स्कूल, या अन्य स्थान पर कहीं भी, कभी भी आ सकता है, आने पर तत्काल उपचार के लिए क्या करें?

मेरा बच्चा रात भर खांसते रहता है। क्या समस्या हो सकती है?

साइनस, अथवा दमा कारण हो सकता है। खून में अधिक संख्या में एसीनोफिल्स हो सकता है। यह संख्या बच्चे के पेट में कीड़ा होने से भी बढ़ती है।

डॉक्टर से इलाज कराएं।

मेरे बच्चे को डाक्टर ने Steroid-puffs लेने को कहा है। इसके क्या नुकसान है?

कोई नुकसान नहीं है बशर्ते वह Puff लेने के बाद कुल्ला कर ले अन्यथा मुँह में fungal संक्रमण हो सकता है।

■■■

33

दुर्घटना से बचाव

दुर्घटना से बच्चे को सुरक्षित रखने के लिए कुछ सावधानियां:—

- दवाईयां, कैरोसीन तेल, फिनाइल बोतल, बैटरी, आदि बच्चे की पहुंच से दूर रखें। बच्चा गलती से पी सकता है। दवा, दवा कह कर दें, टॉफी कह कर नहीं।
- छोटे आकार की वस्तुएं—जैसे बटन, मटर, आदि, जिसे बच्चा निगलने की कोशिश करे तथा वह वस्तु उसके गले में फंस जाए—बच्चे से बचा कर रखें।
- बच्चे को मुँह में भोजन का कौर भर कर बोलने, हंसने से मना करें।
- लंबा डंठल वाला खाने का सामान—जैसे Ice Cream लॉलीपॉप—मुँह में डालकर भागना–दौड़ना बच्चे के लिए खतरनाक हो सकता है। जमीन पर गिरने से डंठल मुँह में चुभ सकता है।
- बच्चे की पहुंच से रस्सी, तार आदि वस्तु को दूर रखें। वह इसे गर्दन में लपेट सकता है जिससे उसका दम घुट जाएगा।
- पोलीथीन की थैली से न खेलें, दम घुट सकता है।
- पर्दे के पीछे न छुपें।
- बाथरूम, बालकॉनी आदि बाहर खुलने वाले स्थान के दरवाजे हमेशा बंद रखें।
- ध्यान रखें कि दरवाजों के बीच बच्चे की उंगली दब नहीं जाए।
- बिस्तर पर, कुर्सी में, आदि ऊंची जगह पर बच्चे को अकेला नहीं छोड़ें।
- खुली छत पर अकेला खेलने नहीं दें।

- शैल्फ के ऊपर भारी–भरकम चीजें नहीं रखें। बच्चे के ऊपर गिरने से उसे चोट लग सकती है।
- बच्चे के आस–पास गरम या जलती हुई वस्तु नहीं छोड़ें।
- गाड़ी के दरवाज़े में उंगली न आए।
- फर्श पर पानी, तेल गिर जाए तो तुरन्त पोंछ कर, फर्श को सुखा दें। बच्चा उस जगह पर फिसल सकता है।
- प्लग के छेद में बच्चा उंगली घुसा सकता है। अत: उसमें प्लग पिन घुसा कर रखें।
- सड़क पर 10 साल से पहले अकेला न छोड़ें।
- खड़े हुए दुपहिए पर बच्चा अकेला न बैठे।
- सीढियों में अकेला न छोड़ें।
- कैंची, छुरी, कांटा, धार वाला कांच का सामान बच्चे की पहुँच से बाहर रखें।
- मोम वाले रंग, पेन, पेचकस आदि के साथ बच्चे न खेलें।
- सड़क के अथवा पालतू जानवरों से भी बचाव रखें।

शिशु को वॉकर से चलने देना कब शुरू करें?

वाकर से चोट लग सकती है। स्वाभाविक रूप से बच्चे को चलना सीखने दें।

अगर बच्चे के मुँह में थर्मामीटर का किनारा टूट जाए तो क्या करना चाहिए?

पारा, जो थर्मामीटर के टूटने से मुँह में आ जाए तो किसी प्रकार की समस्या उत्पन्न नहीं करता है। लेकिन पारे से निकलने वाले वाष्प से श्वास लेने में कठिनाई हो सकती है, मस्तिष्क, खून, किडनी आदि आगे चलकर प्रभावित हो सकते हैं। कमरे में सभी हवा देने वाले उपकरण—जैसे पंखा, कूलर आदि बंद कर दें, खिड़की दरवाजे खोल दें जिससे पारे का वाष्प निकल जाए। टेप से पारा उठाएं।

■■■

प्राथमिक उपचार तथा आपातकालीन स्थिति

आकस्मिक परिस्थिति उत्पन्न होने पर तत्काल उपलब्ध प्राथमिक उपचार दुर्घटना घटित होने पर घायल व्यक्ति की जान बचाने का कारगर उपाय है। अत: इसकी जानकारी होना हरेक माता–पिता की जरूरत है जिससे वे दुर्घटना होने पर अपने बच्चे का आवश्यक प्राथमिक उपचार कर सकें।

निम्नलिखित परिस्थितियों में आपको क्या करना चाहिए?:—

- **अगर बच्चा दुर्घटना में घायल हो जाए :**

  बच्चा खेलते समय घायल हो जाए तथा उसकी चोट से खून बह रहा हो, तो खून बहना रोकने के लिए उसके कटे स्थान को साफ कपड़े से 5 मिनट तक दबा कर रखें। खून जमने से रक्तस्राव रुक जाएगा। उसके बाद कटे भाग को साबुन से धोकर साफ कर दें तथा तौलिये से सुखा दें। बाद में डॉक्टर को दिखाएं।

- **अगर कुत्ता काट ले :**

  काटी गई जगह को साबुन से अच्छी तरह साफ करें। फिर डॉक्टर के पास तुरंत ले जाएं। ऐंटि–रैबीज का इन्जेक्शन लगवाना पड़ेगा।

- **अगर आग से जल जाए :**

  कपड़े खोल कर भरपूर पानी से शरीर के जले भाग को धोएं। धूएं से दूर करें, जले भाग को साफ कपड़े से ढंक कर डॉक्टर के पास ले जाएं। पहने हुए जेवरात उतार दें।

- **अगर बच्चा जहरीला पदार्थ निगल ले :**

  डॉक्टर के पास शीघ्र ले कर जाएं। उस जहर अथवा खाने को भी साथ ले जाएं।

- **अगर बच्चे को तेज बुखार हो जाए :**

  पैरासिटामोल सिरप पिलाएं। साथ में नल के पानी में साफ कपड़ा भिगो कर सिर, धड़, बांहों को पोंछते हुए डॉक्टर के पास ले जाएं। अधिक ठंडा पानी न इस्तेमाल करें।

- **अगर दमे का तेज दौरा पड़ जाए :**

  मुँह में दवा की वाष्प का पफ दें। अगर दमा का दौर कंट्रोल नहीं हो तो डॉक्टर के पास बच्चे को ले जाएं।

- **यदि बच्चा किसी खुले तार को छू ले तो?**

  लकड़ी के डंडे से अलग करें। तुरंत डाक्टर के पास जाएं।

- **अगर बच्चे को शुगर की बीमारी हो :**

  कभी–कभी दवा की मात्रा आवश्यकता से अधिक हो जाए तो शरीर में ग्लूकोज का स्तर कम हो सकता है। इसके कारण बच्चे को अधिक पसीना आने लगेगा, बेहोशी जैसा भी हो सकता है। उसे शीघ्र 4 चम्मच चीनी या कुछ मिठाई खिला दें। फिर डॉक्टर के पास ले जाएं।

- **अगर हाथ पैर में ऐंठन तथा उल्टी जैसा लगने लगे :**

  अक्सर धूप में ज्यादा देर तक खेलते रहने से बच्चे को ऐंठन, उल्टी जैसा महसूस होना, उल्टी करना, या गश आ जाना हो सकता है। ऐसा होने पर बच्चे को ठंडी जगह पर ले जाएं, कपड़े ढीले कर दें, पंखे से हवा करें,पानी से भिगो कर साफ कपड़े से शरीर पोंछें, तथा पर्याप्त मात्रा में पानी पिलाएं। पानी में एक–दो चुटकी नमक घोल दें।

  अगर स्थिति सामान्य नहीं हो, जाए तो डॉक्टर को दिखाएं।

- **अगर बच्चे का एक अंग कट कर अलग हो जाए :**

  कटे हुए अंग को पॉलीथीन में लपेट लें, फिर उसे बर्फ के अंदर रखें, तथा कटे अंग के बैग के साथ बच्चे को लेकर अस्पताल में दौड़ कर पहुंचें।

  कटे हुए अंग को बर्फ के सीधे संपर्क में नहीं आने दें। शरीर से अंग के कट कर अलग हुए स्थान से रक्तस्राव को रोकने के लिए उस

जगह पर साफ कपड़े को दबा कर रखें तथा शरीर की अपेक्षा ऊंचा करके रखे रहें।

शीघ्र ऑपरेशन से कटे अंग को जगह पर फिर से जोड़ा जा सकता है।

- **अगर आँख में कुछ पड़ जाए :**

साफ कपड़े की बत्ती बना कर आँख में पड़ गए बाहरी कण को निकालने के लिए काम में लाएं। आँख को पर्याप्त पानी से धोएं। आंख के भीतरी भाग को न छुएं। डाक्टर को दिखाएं।

- **अगर नाक से खून आने लगे :**

खून आने वाली नासिका को उंगली और अंगूठे से दबा कर रखें तथा बच्चे के सिर को नीचे की ओर झुका कर रखें, जिससे खून मुँह में नहीं जाए। खून बहना बंद हो जाएगा।

- **अगर बच्चे के नाक के अंदर कुछ घुस जाए :**

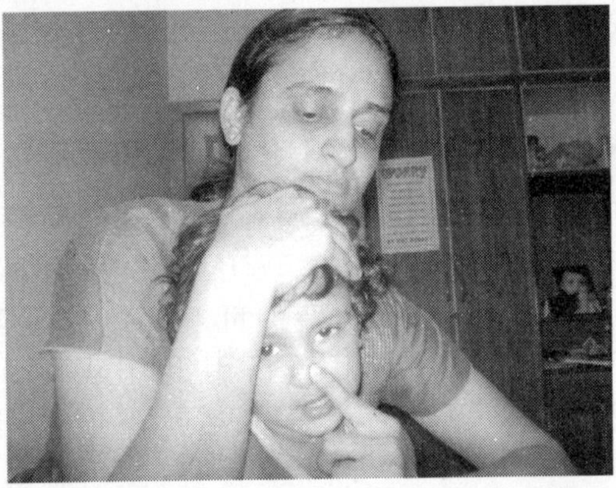

चित्र 57

खुद निकालने का प्रयास नहीं करें। डॉक्टर के पास ले जाएं।

- **अगर दुर्घटना में बच्चे का दांत जड़ से उखड़ कर बाहर आ जाए :**

टूटे दांत को धो कर ठंडे दूध में डुबो कर रखें। शीघ्र दांत के डॉक्टर के पास ले जाएं। डॉक्टर दांत को अपने जगह पर फिर से बैठा देंगे।

दूध के दांत निकल जाने पर कुछ नहीं करना है। अगर टूटे दांत की जगह पर मसूड़े से खून बह रहा हो तो साफ कपड़े के टुकड़े को ठंडे पानी से भिगो कर वहां दबा कर रखें।

- **अगर मधुमक्खी काट ले :**

  कुछ बच्चों में गंभीर ऐलर्जी पैदा करता है। अत: काटने पर शीघ्र अस्पताल ले जाएं।

- **अगर त्वचा का रिएक्शन हो जाए :**

  किसी-किसी में दवा या भोजन में कुछ खाने से त्वचा का रिएक्शन हो जाए, अथवा श्वास फूलने लगे तो शीघ्र अस्पताल ले जाएं। गम्भीर ऐलर्जी के कारण ऐसा हो सकता है।

- **अगर बच्चे की हड्डी टूट जाए :**

  टूटी हड्डी वाले अंग को इधर-उधर नहीं घुमाएं।

  एक अवस्था में रहने दें। फिर अस्पताल ले जाएं।

- **अगर बच्चा ऊंचाई से नीचे गिर जाए :**

  अगर वह होश में है, शरीर हिला डुला रहा हो, दर्द से चिल्ला रहा हो तो उसे धीरे से उठा कर लिटा दें तथा ऐंबुलेंस में अस्पताल ले जाने की व्यवस्था करें। कोई भी अंग अनावश्यक रूप से हिलाएं नहीं।

  अगर श्वास रुक रहा हो तो कृत्रिम श्वॉस विधि से उसे सहायता दें जो इस प्रकार किया जा सकता है:—

  1. घायल व्यक्ति/बच्चे को जमीन पर अथवा ठोस समतल जगह पर लिटा दें। मुँह ऊपर की दिशा में होना चाहिए। एक हाथ से सिर को पीछे की तरफ झुकाएं जिससे उसकी गर्दन ऊपर की तरफ निकल जाए।

     दूसरे हाथ की आगे की दो अँगुलियों से उसकी ठोड़ी को ऊपर उठाएं। उसका मुँह खुला रहना चाहिए। ध्यान दें कि श्वास चल रहा है या नहीं।

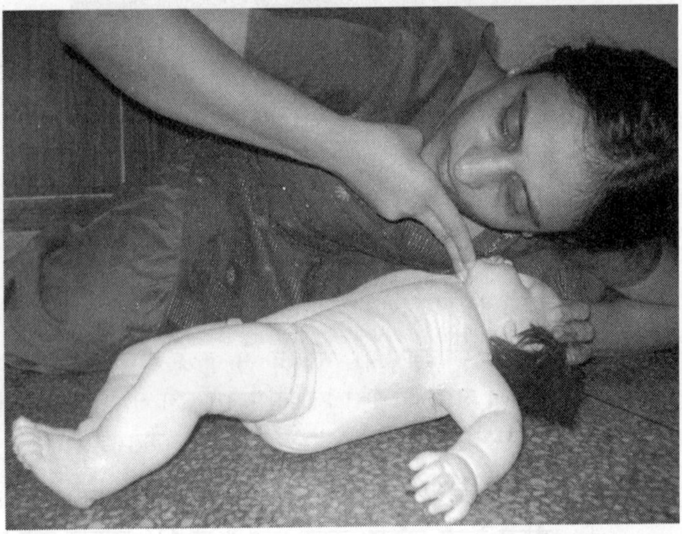

चित्र–58

2. अगर श्वास चल रहा हो तो निम्न चित्र में दिखाई गई स्थिति में बच्चे को घुमा दें। पीठ के पीछे तकिये से सहारा दे कर रखें। जिससे मुँह में वर्तमान विद्यमान द्रव/लार गले से अंदर नहीं जाए, बल्कि मुँह से बाहर निकल जाए।

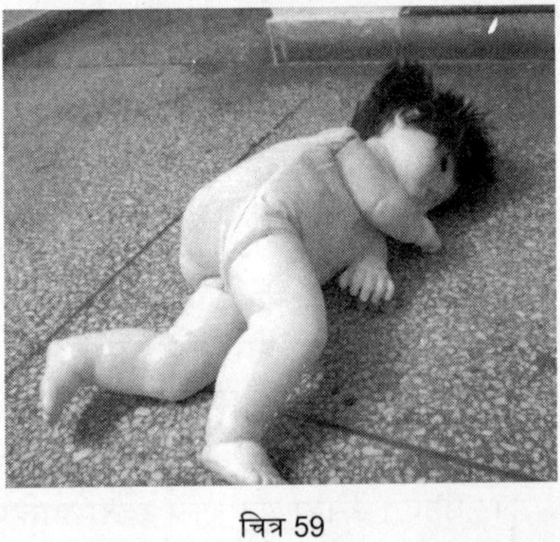

चित्र 59

3. अगर बच्चा श्वास नहीं ले रहा हो तो उसकी नाक को दबा कर बंद कर दें, तथा मुँह के ऊपर अपना मुँह सटा कर जोर से हवा फूंकें।

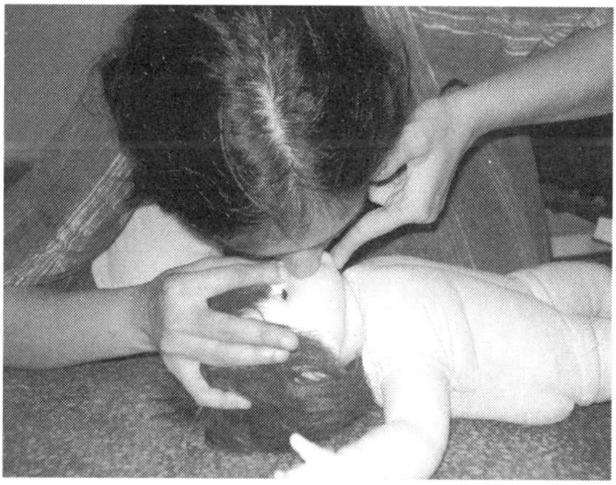

चित्र 60

4. हरेक बार फूंक मारने पर उसके फेफड़ों में हवा भरेगी तथा सीना ऊंचा उठेगा। हरेक फूंक 1 से 1½ सेकन्ड तक होना चाहिए। हर दो फूंक के बीच रुकें। दो फूंक के बाद उसके सीने को हाथों की हथेलियों से दबाएं तथा छोड़ें। गर्दन अधिक पीछे न करें।

5. अगर बच्चा एक साल या कम उम्र का हो तो सीना दबाने के लिए हथेली के बजाय आगे की दो उंगलियों से ही दबाएं। नाक बंद करने की आवश्यकता नहीं।

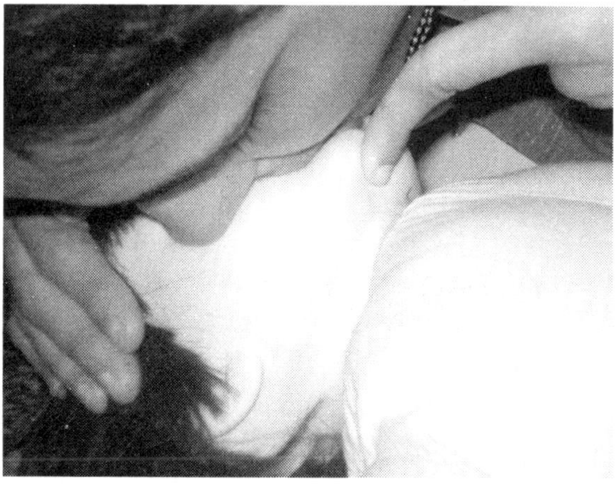

चित्र 61

6. सीना Nipple के पास से दबाते हैं।

7. दो फूंक के बाद 30 बार सीने को दबाया जाता है। उसके बाद फिर दो बार फूंक मारिए।

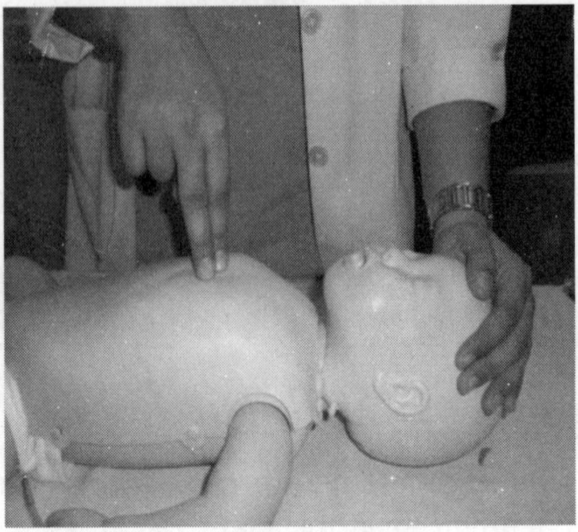

चित्र 62

अगर दो व्यक्ति हों तो एक सीना दबा सकता है तथा दूसरा फूंक मार सकता है।

यह प्रक्रिया तब तक चालू रखना चाहिए जब तक श्वास क्रिया शुरू नहीं हो जाए।

8 साल से बड़ा बच्चा होने पर 2 सांस के बाद 15 बार छाती दबाएं। ध्यान रहे breast bone या ribs (पसली) को न दबाएं।

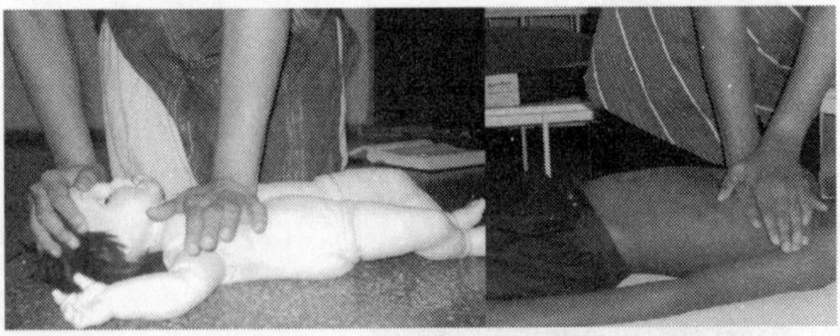

चित्र 63

- **अगर मटर का दाना या इसी साइज की अन्य वस्तु मुँह से होकर गले में फंस जाए :**

इस स्थिति में अगर बच्चा खांस कर वस्तु को गले से बाहर नहीं निकाल पा रहा हो तो बच्चे को औंधे मुँह लिटा कर गर्दन के पास हाथ से ठोंके।

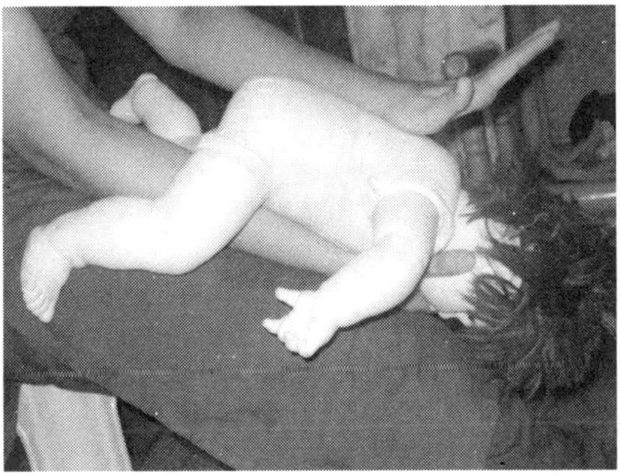

चित्र–64

पांच बार ठोकने के बाद बच्चे को सीधा लिटाएं तथा सीने पर उंगलियों से पांच बार दबा कर फेफड़े से हवा बाहर निकालने की कोशिश करें। फँसी वस्तु बाहर निकलने वाली हवा के साथ बाहर मुँह में आ जाएगी।

बारी–बारी से ऊपर दोनों क्रियाओं को दोहराते रहें जब तक गले में फंसा पदार्थ बाहर नहीं आ जाए।

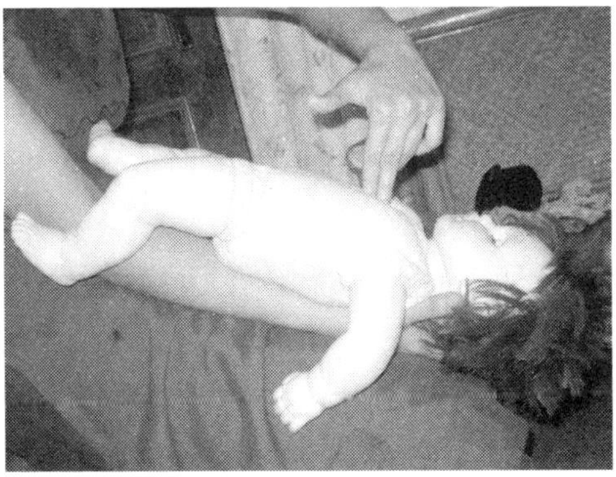

चित्र 65

एक अन्य तरीका यह है कि बच्चे को खड़ा करें। उसके पीछे खुद खड़े होकर अपनी हथेलियों को उसकी नाभि तथा सीने के बीच में रखें। फिर जोर से झटका देते हुए इस प्रकार दबाते रहें कि हवा का दबाव मुँह से बाहर की तरफ पड़े। इससे भी गले में फंसी वस्तु पर मुँह में आ सकती है।

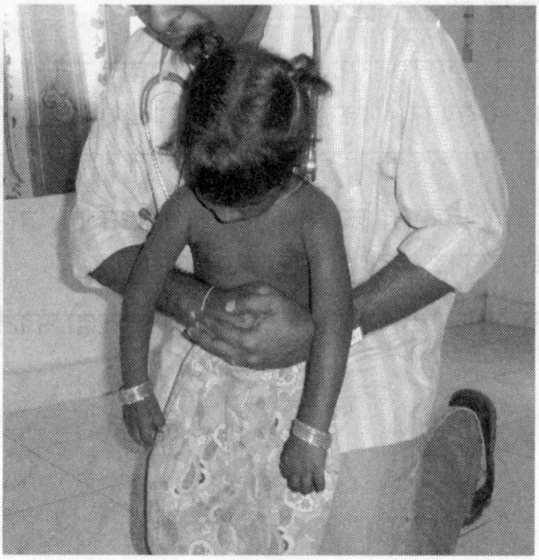

चित्र 66

मेरी बच्ची 4 साल की है। खेलने के दौरान अक्सर उसे चोट लगती रहती है। संक्रमण से उसे कैसे बचाएं?

क्या हरेक बार कटने–छंटने पर उसे टेटनस टॉक्सायन का इंजेक्शन देना चाहिए?

कटने पर उस जगह को अच्छी तरह से साबुन लगा कर धो देना काफी है। उस जगह को बैन्डेज से लपेट देना चाहिए जब वह बाहर खेलने जा रही हो, अथवा बिस्तर पर सोने जा रही हो। अन्यथा चोट को खुला रहने दें जिससे घाव जल्दी सूखता है।

अगर चोट संक्रमित नहीं हो जाए तो ऐंटिबायोटिक देने की जरूरत नहीं है।

अगर टीकाकरण प्रोग्राम के समय DPT के तीनों टीके दिलाए गए हैं तथा बाद में बूस्टर डोज भी पड़ा है, तो बार–बार कटने पर टेटनस के लिए इन्जेक्शन की जरूरत नहीं है।

टीकाकरण के निर्धारित समय का पालन भर जरूरी है।

प्राथमिक उपचार के लिए फर्स्ट एड बॉक्स में क्या-क्या रखना चाहिए?

स्पिरिट, कॉटन, गॉज, बैन्डेड, कुछ इमरजेन्सी में काम आने वाली दवाएं, पैरासिटामोल सिरप, आदि।

अगर कांटा चुभ जाए तो क्या करें?

चुभने की जगह के चारों तरफ की त्वचा पर दबाव देने से कांटा बाहर निकल सकता है। अगर कांटा निकल जाए तो वहां खून निकलना रोकने के लिए उस जगह को दबा कर कुछ देर रखें। फिर साबुन से साफ करके धो दें।

अगर कांटा नहीं निकाला हो या शीशा चुभ गया हो, तो डॉक्टर के पास ले जाएं। ठंडी सिकाई से दर्द में आराम मिलेगा।

डॉक्टर से इलाज कराएं। टेटनस के टीके की जरूरत हो सकती है।

■■■

35

व्यवहार, अनुशासन, आदत तथा मानसिकता की समस्याएं

अनेक बाते हैं जो बच्चे के व्यवहार करने के तरीकों को प्रभावित करती हैं।

थोड़ी समझदारी तथा धैर्य से माता-पिता अपने बच्चे को अच्छा पालन पोषण दे सकते हैं।

निम्नलिखित बातों का ध्यान रखें:—

- बच्चे की अपनी अलग पहचान/व्यक्तित्व का आदर करें।

  यह समझना आवश्यक है कि हरेक व्यक्ति का अपना खास व्यक्तित्व होता है। उसके सोचने-समझने का अन्य लोगों से अलग तरीका होता है। उसके इस व्यक्तिगत विचार का सभी को आदर करना चाहिए। उस पर अपना विचार थोपना तथा उम्मीद करना कि वह आपकी मर्जी के अनुसार चले तो यह गलत है।

- अपने बच्चे की भावना को समझें।

  अगर एक दो साल का बच्चा खाने को चारों तरफ छींट देता है तो समझने की कोशिश करें वह ऐसा क्यों कर रहा है। उसे टेबल मैनर्स का पाठ पढ़ाना ठीक नहीं होगा। उसे उसकी पसंद के भोजन का मजा लेने की छूट देना ठीक होगा।

- बच्चे को सुरक्षित महसूस करने में मदद करें।

  घर में प्यार के माहौल से बच्चा खुद को सुरक्षित महसूस करता है। असुरक्षा के माहौल से बच्चे के आचरण में अनेक त्रुटियों का समावेश होने की संभावना होती है। जैसे—ईर्ष्या, चोरी की आदत, झूठ बोलने की आदत, शर्माने की आदत आदि।

- खुद अपने अच्छे आचरण से बच्चे को प्रभावित करें।

  खुद दोहरा आचरण नहीं करें। जो दूसरों को करने के लिए कहें, उपदेश दें, वही खुद भी करें।

- जब बच्चा समझदार होने की उम्र में आ जाए, तब उसे सही–गलत, अनुशासन आदि के बारे समझाएं।

  कम उम्र में बच्चे वही करते हैं जिसे करने से मना किया जाता है—ऐसा करने में उसे मजा आता है। ऐसा करने के पीछे उसकी यह भी मंशा होती है कि वह अपनी स्वतंत्रता का प्रदर्शन करे। अत: उसे मर्जी का करने दें, जब तक उसके चलते उसे या अन्य को हानि नहीं पहुंचे। परन्तु उसकी मांग नहीं मानने पर अगर वह जिद पसारता है, तमाशा खड़ा करता है तो कठोरता से पेश आएं। उसे समझ आने लगेगा कि वह जिद से अपनी बात नहीं मनवा सकता है। 3 साल के बाद आप उसे समझा सकते हैं।

- जो कुछ आप बच्चे को करने के लिए कहते हैं, उसका पालन आपको स्वयं भी करना पड़ेगा। दोनों में अन्तर से बच्चा भ्रमित हो जाएगा।

  अगर एक समय आप बच्चे को कुछ करने के लिए समझाते हैं क्योंकि उसका वैसा करना उचित होगा, फिर अन्य समय उसे कुछ अलग समझाते हैं तो भी बच्चा भ्रमित होगा। आपकी बात में समरूपता होनी चाहिए।

- बच्चे जब भी अपने हुनर को प्रदर्शित करें या बुद्धिमता का परिचय दे तो उसे शाबासी से प्रोत्साहित करें।

- हर समय बच्चे के पीछे-पीछे उसके ऊपर नजर नहीं रखें। उसे अपनी मर्जी से निर्णय लेने दीजिए। केवल दूर से नजर रखें।

- बच्चे के साथ न तो कठोरता से पेश आएं, न अत्यंत ढिलाई से। उसकी आलोचना अगर करें तो वह भी बच्चे के लिए लाभकारी व हितकारी हो।
- अपनी बात मनवाने के लिए कभी भी बच्चे को पुरस्कृत करने का लालच नहीं दें। अन्यथा भविष्य में बिना घूस लिए आपकी बात नहीं मानेगा।
- गलती करने पर बच्चे को दंडित करते समय ध्यान रखें कि उसे यह लगना चाहिए कि उसके व्यवहार से आप नाखुश हैं। इससे भविष्य में गलत काम दुहराने के पहले सोचेगा। परन्तु छोटी मोटी गलती पर दंड देना सही नहीं है—उसे नजर अंदाज करें। ऐसा करने से बच्चा खुद लक्ष्मण रेखा अपने लिए तय करने की कोशिश करेगा कि किस हद तक मामूली गलती कर सकता है।

  उसकी उम्र के हिसाब से उसे परखें या दंड दें।

  दंड देते समय ध्यान रखें कि आसपास अन्य लोग नहीं हों, अन्यथा वह अपमानित महसूस करेगा। गोद में ले कर प्यार दुलार से समझाइए।
- बच्चे का मूड हमेशा एक समान नहीं होता है। वयस्क का भी नहीं होता है। अत: आप हर समय अपनी मर्जी के अनुसार उससे कुछ करने की आशा नहीं करें। वैसा करने से बच्चा जिद्दी हो जाएगा।
- अपना पक्षपातपूर्ण रवैया बच्चे के सामने कभी उजागर नहीं होने दें।
- अन्य लोगों से उसके बारे में बात करने में सावधानी बरतें कि वह खुद उस जगह मौजूद नहीं हो।
- बच्चे को विनम्र व्यवहार करने की ट्रेनिंग देते रहें, जैसे थैंक यू, धन्यवाद, सॉरी कहना। यह आप 1½ साल की उम्र से सिखा सकते हैं।

बच्चे में आत्म विश्वासी, दयालु, मधुर व्यवहारी स्वभाव का निर्माण करने में परिवार की महत्वपूर्ण भूमिका होती है।

अपने खिलौनों से मिलजुल कर खेलें।

घरेलू विवाद, स्कूल में धमकाते रहने वाले अन्य बच्चे का डर, पढ़ाई में कठिनाई, आदि अनेक बातें हैं जो बच्चे में तनाव पैदा करती हैं—जिससे वह चिड़चिड़ापन, डिप्रेशन, सिर दर्द, पेट दर्द जैसी समस्याओं से ग्रसित होता है। इन सब मानसिक समस्याओं को समझना तथा निदान करना माता-पिता की अहम जिम्मेदारी है। कभी-कभी आप बच्चे के साथ कठोर भी हो सकते हैं। बच्चे से अपने मन की बात कहें पर ठीक तरीके से। अगर आपका चार साल का बच्चा बॉल न दिलाने पर आपको मारता है तो यह गलत है। बेहतर है वह मुँह से बोले कि माँ मैं आपसे नाराज़ हूं।

बहुत से बच्चों की आदतें जैसे नाखून चबाना, बाल खींचना, बार-बार आंखें मिचकाना, सिर मारना इत्यादि किसी असुरक्षा की भावना से हो सकती हैं। नींद और भूख—दोनों चीजें पूरी न होने पर कोई भी बच्चा चिड़चिड़ा और जिद्दी हो सकता है।

अगर बच्चा किसी को नुकसान पहुंचाता है जैसे तोड़ना या मारना, तो शुरू से ही कठोरता से पेश आएं। घर में मार-पीट, माँ-बाप का अलग-अलग आचरण, समझ, अस्पताल में भर्ती होना, किसी को खो देना, घर बदलना इत्यादि कई ऐसे कारण है जिनसे बच्चे में असुरक्षा की भावना पैदा हो सकती है।

मनौवैज्ञानिक के पास जाने से घबराएं नहीं। आपके बच्चे को कोई मानसिक बीमारी नहीं है, वह केवल आपको उचित परामर्श देगा कि कैसे बच्चे को समझें, समझाएं।

अन्यथा उपर्युक्त कारणों से उत्पन्न मानसिक तनाव से बच्चे में निम्नलिखित प्रकार का असामान्य व्यवहार देखने में आता है:—

- बच्चा बार–बार साबुन लगा कर हाथ साफ करने का आदी हो जाता है
- किसी वस्तु को अकारण बार–बार स्पर्श करते रहना
- बंद खिड़की, दरवाजे को बार–बार चैक करना कि बंद है या नहीं
- सामाजिक कार्यक्रम, जिसमें लोग एकत्रित होते हैं, में भाग लेने से अत्यंत नापसंदगी होना
- नींद में बुरे ख्याल आना
- झूठ बोलना, चोरी, जानवरों से क्रूरता

इन सब अवस्थाओं की जानकारी होते ही मनोवैज्ञानिक से परामर्श करें।

मेरा 3 साल का बच्चा अक्सर हठ का प्रदर्शन करता है। उसे किस प्रकार रास्ते पर लाएं?

उसकी गैरवाजिब बात मानने से साफ इन्कार कर दें तथा कभी भी उसकी जिद के सामने हार नहीं मानें। उसका ध्यान बटाएं।

इसके लिए उसे दंडित करने से बच्चा और अधिक जिद्दी हो जाएगा। अत: उसके जिद प्रदर्शन की अनदेखी करें। बाद में जब वह शांत हो जाए तब उसे समझाने की कोशिश करें कि उसे ऐसा नहीं करना चाहिए।

मेरा बड़ा बेटा चार साल का है तथा दूसरा मात्र 2 माह का हुआ है। बड़ा बेटा हमेशा नवजात भाई को चिकोटी काटते रहता है। उसकी उपस्थिति बड़े वाले को अच्छी नहीं लगती है। क्या करें?

नवजात भाई की देखभाल का जिम्मा उसे देना शुरू करें। अपनी अनुपस्थिति में बड़े बेटे को छोटे भाई के पास बैठ कर उसकी देखभाल करने की जिम्मेदारी सौंपे। लेकिन उस पर नजर रखें।

बड़े बेटे के इस व्यवहार के लिए आप खुद जिम्मेदार हैं। छोटे बच्चे को ज्यादा प्यार करना, नवजात होने के कारण उसका ज्यादा ख्याल रखना

बड़े बच्चे में असुरक्षा के भाव का संचार करता है। वह पहले मिल रहे प्यार तथा देखभाल से अपने को वंचित महसूस करने लगता है।

अत: आप बड़े बेटे पर ज्यादा ध्यान देना शुरू करें। उसे एहसास होना चाहिए कि उसका महत्व ज्यादा है। इस बात का एहसास होने से वह खुद छोटे भाई के लिए दयावान होने लगेगा, उसका ध्यान रखना शुरू कर देगा।

मेरी बच्ची 2 साल की है। वह अभी भी दिन भर अंगूठा चूसते रहती है। डरती हूं कि उसके दांत बाहर की तरफ नहीं निकल जाए। उसकी यह आदत कैसे छुड़ाएं?

कुछ बच्चे यह 3-6 माह तक करते हैं। वैसे बच्चे को घर में सुरक्षित माहौल चाहिए। उसे अन्य गतिविधियों में व्यस्त रखने की व्यवस्था करें। जब भी अंगूठा चूसना प्रारंभ करे, उसका ध्यान अन्य बातों में लगाएं। डांटें नहीं।

मेरा बच्चा 5 वर्ष का है। आजकल वह रोजाना देह दर्द की शिकायत करता है। डॉक्टर को कुछ गड़बड़ नजर नहीं आ रही है। क्या करें?

शायद बच्चा स्कूल अथवा घर में किसी बात को लेकर तनाव में है। पता लगाने की कोशिश करें तथा उसे दूर करने का उपाय करें।

मेरा बच्चा 2 साल का है। आज कल उसकी श्वास क्रिया कभी भी रुक जाती है तथा उसका शरीर नीला पड़ जाता है। वह बेहोश हो जाता है। ऐसा खास कर के तब होता है जब उसे जो चीज चाहिए और हम नहीं देते हैं, या उसे डांट देते हैं। डॉक्टर का कहना है कि उसे दवा की जरूरत नहीं है। क्या करें?

श्वास क्रिया अचानक रूकने को 'श्वास रोकने का दौरा' ('breath holding spells') कहते हैं। इसका दौरा पड़ने पर उसे बिस्तर पर लिटा दें जब तक वह सामान्य नहीं हो जाए। उसकी जिद मानने पर उसे और शह मिलेगी। एक बार वह समझ जाए कि ऐसा करने से भी उसे कुछ मिलने वाला नहीं है तो वह श्वास रोकना छोड़ देगा। फिर भी एक बार डाक्टर की सलाह अवश्य लें कि कोई और बीमारी तो नहीं।

36

शिशु देखरेख केंद्र, स्कूल, तथा पढ़ने में होने वाली समस्याएं

कामकाजी महिलाओं की संख्या में वृद्धि होने से उनके बच्चों को रखने के लिए शिशु केंद्र की आवश्यकता भी ज्यादा हो रही है।

शिशु केंद्र चुनने में निम्नलिखित बातों का ध्यान रखें:—

- कार्यस्थल के नजदीक केंद्र होने से बीच–बीच में जा कर शिशु को देख लेने में आसानी रहती है।
- केंद्र में शिशु संख्या के अनुपात में पर्याप्त संख्या में देखभाल करने वाले हों। छोटे बच्चों के लिए 2-4 बच्चों पर एक देखने वाला हो।
- केंद्र साफ सुथरा, हवादार हो, तथा खेलने-कूदने के लिए पर्याप्त जगह हो। रसोई और शौचालय में अधिक से अधिक सफाई हो।
- पीने का पानी सही हो।
- साफ–सफाई को सबसे अधिक महत्व देना चाहिए। बुखार, सर्दी–खांसी, दस्त से ग्रस्त बच्चों के आने की मनाही हो जब तक बिल्कुल स्वस्थ नहीं हो जाते। क्योंकि संक्रमण स्वस्थ बच्चों में भी फैलने का खतरा रहता है।

सही स्कूल के चयन में किन बातों का ध्यान रखना चाहिए?

स्कूल के टीचर गण अच्छे स्वभाव के हों जो बच्चों को प्यार से पढ़ाएं, डांट–फटकार से बच्चे सहम जाते हैं। पढ़ाई का दबाव नहीं होना चाहिए।

बच्चे को स्कूल में भेजना शुरू करने की सही उम्र क्या है?

चार साल। इस उम्र तक बच्चे अन्य बच्चों की संगति में रहना पसंद करने लगते हैं।

वैसे यह उम्र अपने काम और परिवार को देख कर ही आप तय कर सकती हैं। अन्यथा जब तक बच्चा 'Toilet trained' न हो, न भेजें।

बच्चे को स्कूल भेजने की सही उम्र क्या है?

आजकल 2 साल से informal schooling कई जगह शुरू हो जाती है। 2½ से 3½ साल का बच्चा और बच्चों के साथ खेल कर खुश होता है।

मेरा बच्चा 5 साल का हो गया है। वह बहुत चंचल स्वभाव का है। एक जगह देर तक बैठता नहीं है। स्कूल से शिकायत आती है कि वह पढ़ाई में मन नहीं लगाता है। क्या करें?

उसे डांटना–डपटना बंद करें। टीचर को भी ऐसा करने से मना करें। उसे मजेदार कामों में लगाएं—जैसे ब्लॉक्स को जोड़ कर कुछ आकार देना, ड्राइंग बनाना, पेंटिंग करना, आदि। उसके साथ समय बिताएं, पेड़ पत्तों के नाम बताएं इससे उसका ध्यान केन्द्रित होगा। उसका ध्यान भटकना कम हो जाएगा तथा इधर–उधर भागना भी बंद हो जाएगा।

क्या बच्चे को ट्यूशन दिलाना ठीक होगा?

नहीं। कम उम्र में स्कूल आना–जाना ही काफी है। उसके बाद खेलने कूदने के लिए समय चाहिए। अगर इस समय उसे ट्यूशन में लगा देंगे तो उसे पढ़ाई बोझ लगने लगेगी। थोड़ा–बहुत आप स्वयं होम वर्क में मदद कर दें।

मेरी बच्ची का मानसिक स्तर ठीक है। परन्तु उसे किताब देख कर पढ़ने में कठिनाई होती है। क्या करूं?

किताब पढ़ने में कठिनाई होने को डिस्लेक्सिया कहते हैं।

इसके समाधान के लिए ऐक्सपर्ट को दिखाएं।

■■■

बच्चा गोद लेना

बच्चा गोद लेने के निर्णय के अनेकों आयाम हैं, जैसे कानूनी पक्ष, सामाजिक परिपेक्ष, तथा सबसे महत्वपूर्ण भावनात्क पक्ष।

नीचे कुछ हिन्ट दिए जा रहे हैं जो बच्चा गोद लेने के निर्णय में सहायक सिद्ध होंगेः—

- सर्वप्रथम बात है कि पति, पत्नी, तथा परिवार को इसके लिए मानसिक रूप से तैयार होना चाहिए।
- सभी लोग बच्चे को मन से स्वीकार करने के लिए तैयार हों।
- गोद लेने के सभी कानूनी पहलुओं का पालन होना चाहिए।
- गोद लिए जाने वाले बच्चे के असली माता–पिता तथा उनके परिवार की जानकारी लें।
- मालूम कर लें कि उस परिवार में वंशानुगत बीमारी नहीं हो।
- डॉक्टरी जांच से पता कर लें कि उस बच्चे को किसी प्रकार की बीमारी तो नहीं है।
- नजदीकी परिवार में से किसी का बच्चा गोद लेने में समस्या यह है कि भविष्य में असली माता–पिता बच्चा वापस न मांगने लगें।
- बच्चे को कम उम्र में ही गोद ले लेना चाहिए जिससे वह गोद लेने वाले को ही अपना माता पिता समझे।
- बच्चे के मानसिक स्तर को देखते हुए उसे बता सकते हैं।

■■■

38

अन्य बातें

मेरा बच्चा 6 साल का है। उसकी गर्दन के दोनों तरफ छोटे आकार की गिल्टी है। यह क्या है?

यह शरीर में किसी प्रकार के संक्रमण की तरफ इशारा करता है। डॉक्टर को दिखाएं।

क्या मैं अपने 8 माह के बच्चे को मधु चटा सकती हूं?

सही ढंग से नहीं रखने से मधु में सूक्ष्म कीटाणु पैदा हो सकते हैं। इसके कारण संक्रमण हो सकता है। अत: मधु नहीं देना ही ठीक रहेगा, कम से कम एक वर्ष की उम्र तक।

बच्चों को किस प्रकार दवा दें?

हमेशा उसे बिठा कर चम्मच से। ज्यादातर बच्चों के लिए दवाएं बाजार में सिरप के रूप में मिलती हैं। सही नाप से चम्मच में लेकर पिलाएं। अगर टैबलेट के रूप में दवा हो, तो उसे पानी में घोल कर चम्मच से पिलाएं।

चित्र 67

मेरा 4 साल का बच्चा बाएं हाथ से काम करता है। खाना भी बाएं हाथ से ही खाता है। क्या उसे दाएं हाथ से काम करने वाला बनाया जा सकता है?

जबरदस्ती आप इस आदत को नहीं बदल सकते। धीरे-धीरे कोशिश कर सकते हैं। अधिक आवश्यक है उसे हाथ धोना सिखाना।

अगर बच्चा धूप–गर्मी में खेलने के लिए जिद करे तो क्या सावधानी बरतनी चाहिए?

अधिक धूप में मना कर दें।

अन्यथा उसे पानी की बोतल पकड़ा दें, तथा हिदायत दें कि रुक–रुक कर पानी पीता रहे। पानी में थोड़ा नमक भी मिला दें।

उसे सूती वस्तु पहनाएं जो शरीर से निकलने वाला पसीना सोख ले तथा बच्चे को आराम महसूस हो।

अगर बच्चे को सिरदर्द महसूस होने लगे तो उसे घर वापस आ जाना चाहिए। धूप में ज्यादा देर रहने से शरीर में पानी की कमी होने के कारण सिद दर्द, चक्कर, पैरों में ऐंठन होने लगती है। घर लौटने पर उसे ठंडी हवा में लिटाएं, नमक-पानी पिलाएं, पानी में कपड़ा भिगो कर उसके शरीर को पोंछें (इसके लिए ठंडे पानी का उपयोग नहीं करें)।

मेरा बच्चा 5 साल का है। वह हमेशा सिरदर्द की शिकायत क्यों करता है?

हो सकता है कि उसे किसी बात को लेकर तनाव रहता है। पता करें तथा कारण दूर करें।

ध्यान रखें कि वह नियमपूर्वक खाना खाया करे, तथा पर्याप्त मात्रा में पानी पिया करे। उसे तेज धूप में नहीं जाने दें।

आँखों की गड़बड़ी से भी सिरदर्द होता है। अत: उसकी आँखों का चैकअप करा लें।

साइनस के संक्रमित होने से भी सिरदर्द होता है। डॉक्टर से परामर्श करने की जरूरत पड़ सकती है।

बच्चे के पैरों की देखभाल कैसे करें?

जूते कसे हुए होने से पैरों की उंगलियाँ दब जाती हैं जिससे पैरों में दर्द होता है। ऐड़ी फटने से बचाने के लिए पैरों को साफ करते रहें। क्रीम आदि का प्रयोग करें।

बस या कार में यात्रा करने में बच्चे को उल्टी होती है। क्या कारण है?

उल्टी रोकने की दवा खिलाकर उसे यात्रा पर ले जाएं। उसका ध्यान दूसरी बातों में भटकाते रहें। गाड़ी के चक्कों के ठीक ऊपर पड़ने वाली सीट पर नहीं बैठाएं क्योंकि उस सीट पर शरीर उछलता है जिससे चक्कर तथा उल्टी होने लगता है। ORS साथ रखें। बहुत गर्मी में न जाएं।

मेरी 2 साल की बच्ची है। उसका पेट बाहर की तरफ उभरा हुआ है। क्या समस्या है?

बात सामान्य है। फिर भी डॉक्टर की सलाह ले सकते हैं।

पीलिया (jaundice) के बारे में कुछ बताएं।

इस बीमारी का कारण खून में पीत (Bile) की अधिक मात्रा होना है जो लीवर की गड़बड़ी से होता है। अक्सर यह गड़बड़ी दो कारणों से होती है:—

1. Hepatitis A – यह लीवर की गड़बड़ी, संक्रमित भोजन या पानी से शरीर में आता है। इस बीमारी में दवा की जरूरत नहीं होती है। आराम करने से अपने आप कुछ दिनों में ठीक हो जाता है।
2. Hepatitis .B – यह गंभीर संक्रमण है। इसके होने का कारण संक्रमित खून चढ़ाना होता है, जिसकी जरूरत शरीर में खून की कमी के कारण अथवा किसी ऑपरेशन के दौरान होती है।

आजकल इन दोनों प्रकार के संक्रमण से बचाव के लिए टीका दिया जाता है।

बच्चे को धूप का चश्मा पहनाना क्या ठीक है?

हां। इससे हानिकारक विकिरण से आँखों को सुरक्षित रखा जा सकता है। बढिया शीशे देख कर लें।

मेरे बच्चे के पैर सपाट हैं वह तीन वर्ष का है। क्या करें?

यह उम्र के साथ ठीक हो सकता है। डाक्टर को दिखाएं और अधिक तकलीफ हो तो इलाज कराएं।

■■■

बाल-शोषण

बाल-शोषण लम्बे समय से होता रहा है, किन्तु अब इसे पहचाने जाने में तेजी आई है। यह शारीरिक या मानसिक हो सकता हैं। शारीरिक के अंतर्गत बच्चे को भूखा रखना, कपड़ों, घर, शिक्षा व स्वास्थ्य सुविधाओं से वंचित रखने से लेकर बच्चे को चोट पहुंचाना व उससे अश्लील हरकतें करने तक बातें शामिल हैं। मानसिक शोषण के अंतर्गत बच्चे को प्यार, प्रेरणा, सहायता से वंचित रखना तथा उसे डराना, धमकाना व अपमानित करना आते हैं।

इन सभी का बच्चे के विकास पर बुरा प्रभाव पड़ता है। बच्चे का शोषण रिश्तेदारों, मित्रों, नौकरों,शिक्षकों व अन्य लोगों द्वारा किए जाने की घटनाएं सामने आई हैं। अभिभावकों को अपने बच्चे में व्यवहार संबंधी बदलावों पर ध्यान रखना चाहिए ताकि यदि उसका शोषण हो रहा हो तो उसे रोका जा सके। बच्चा किसी व्यक्ति के साथ अकेला रहने से मना करे, या स्कूल जाने से कतराए, या किसी व्यक्ति द्वारा अपने गुप्तांगों को छुए जाने की बात करे, तो सावधान हो जाएं। अपने बच्चे की समय रहते रक्षा करें।

■■■

परिशिष्ट 1

Birth to 24 months: Boys
Head circumference-for-age and
Weight-for-length percentiles

NAME ______________________

RECORD # __________________

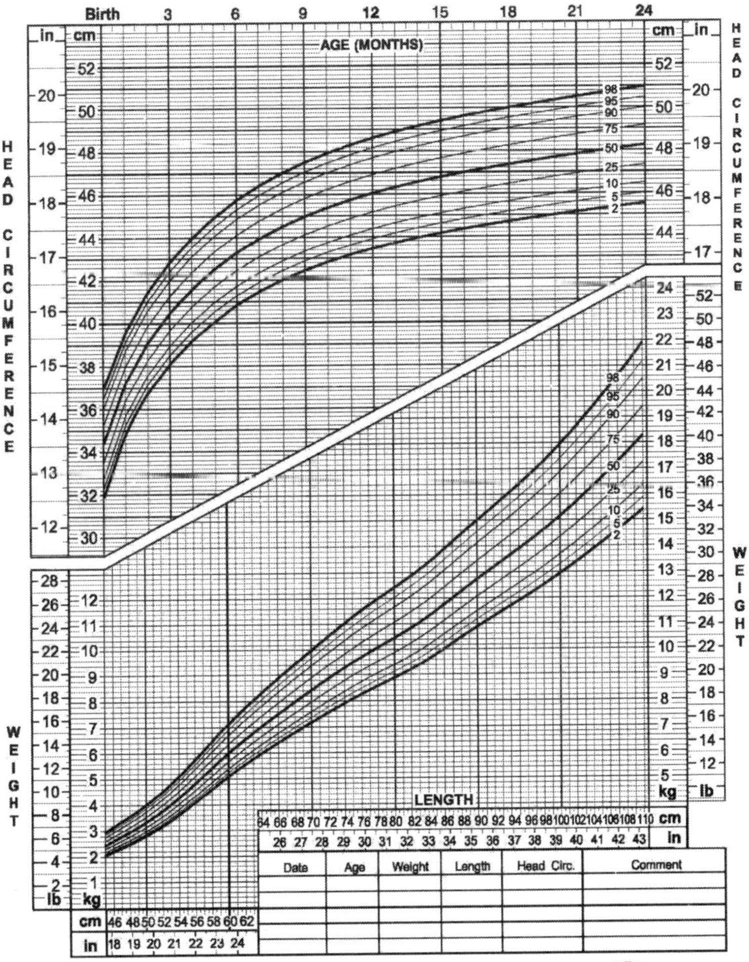

Date	Age	Weight	Length	Head Circ.	Comment

Published by the Centers for Disease Control and Prevention, November 1, 2009
SOURCE: WHO Child Growth Standards (http://www.who.int/childgrowth/en)

परिशिष्ट 2

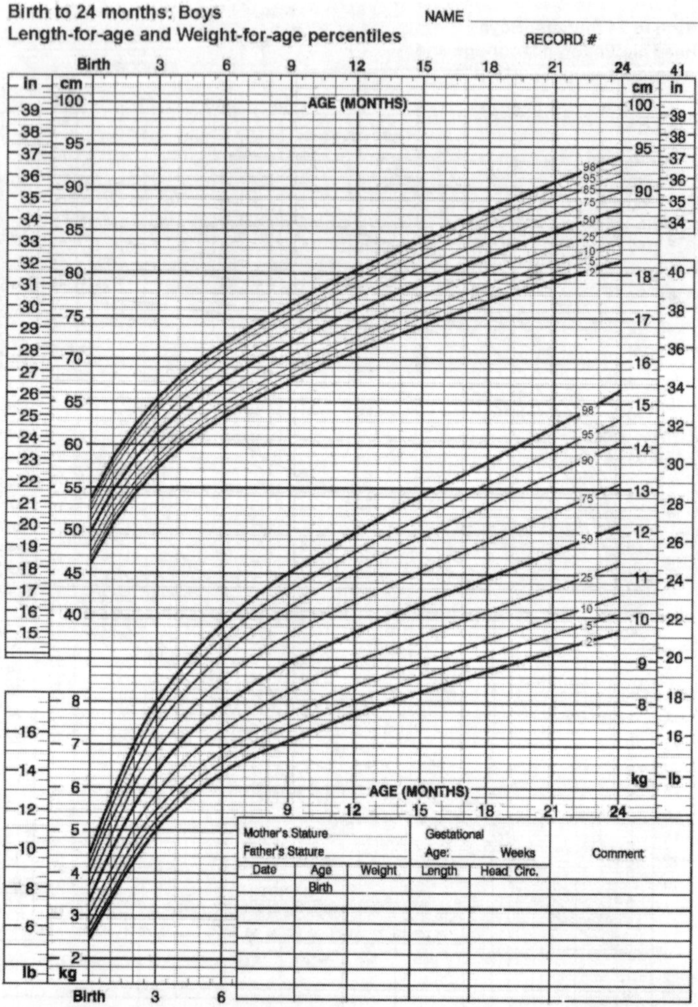

Published by the Centers for Disease Control and Prevention, November 1, 2009
SOURCE: WHO Child Growth Standards (http://www.who.int/childgrowth/en)

परिशिष्ट 3

Birth to 24 months: Girls
Head circumference-for-age and
Weight-for-length percentiles

NAME ____________

RECORD # ____________

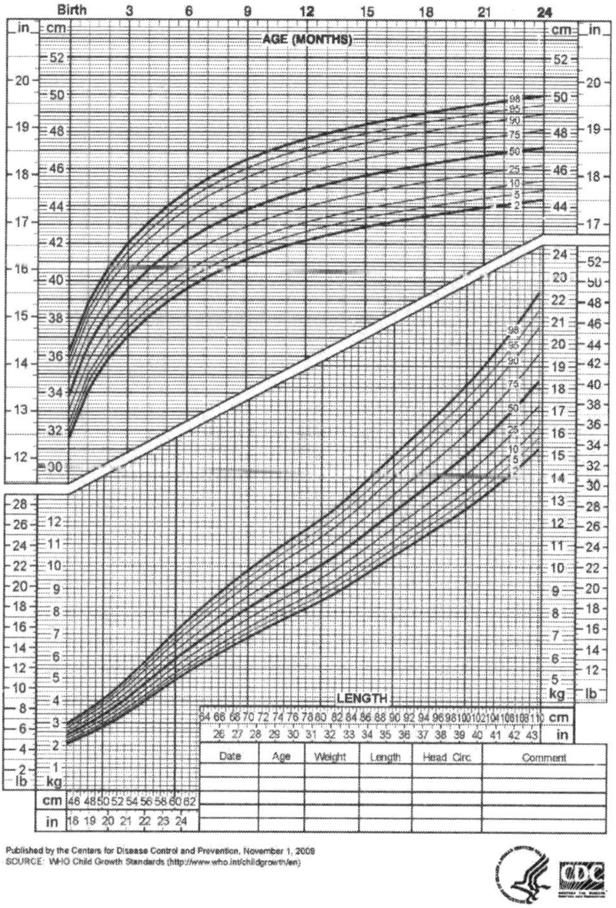

Published by the Centers for Disease Control and Prevention, November 1, 2009
SOURCE: WHO Child Growth Standards (http://www.who.int/childgrowth/en)

परिशिष्ट 4

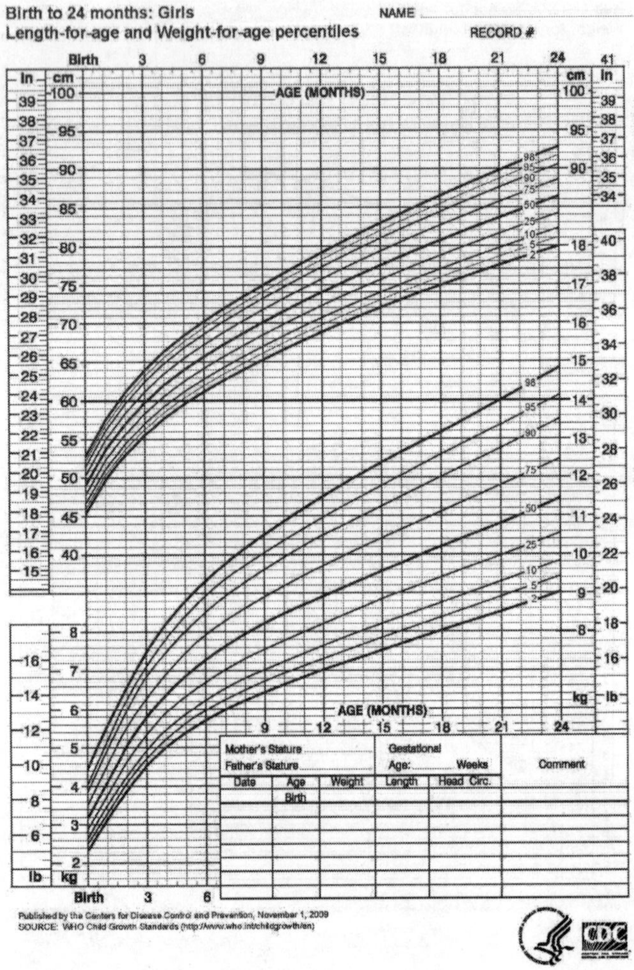
Birth to 24 months: Girls
Length-for-age and Weight-for-age percentiles
NAME
RECORD #
AGE (MONTHS)
LENGTH
WEIGHT
Mother's Stature
Father's Stature
Gestational Age: Weeks
Comment
Date
Age
Weight
Length
Head Circ.
Birth
Published by the Centers for Disease Control and Prevention, November 1, 2009
SOURCE: WHO Child Growth Standards (http://www.who.int/childgrowth/en)

परिशिष्ट 5

CDC Growth Charts: United States

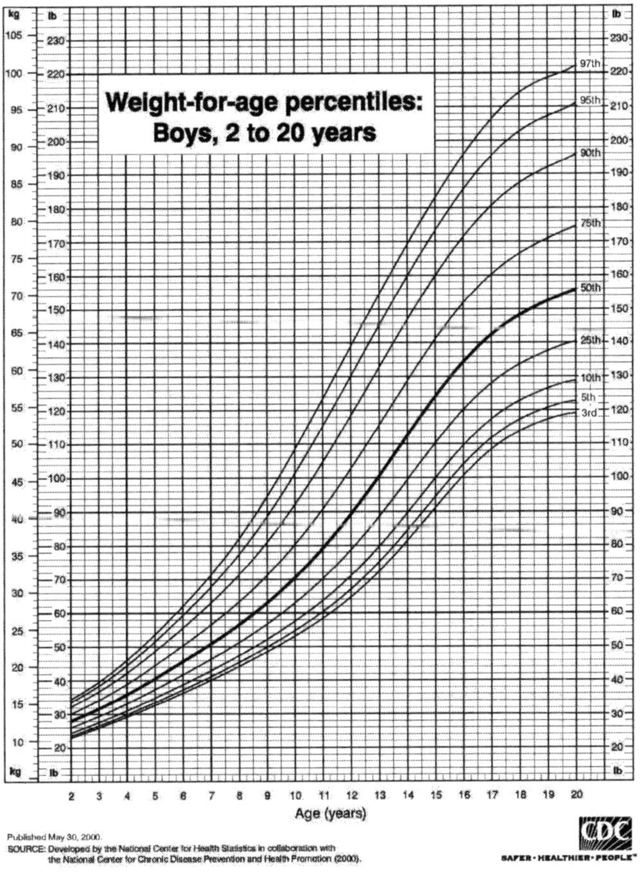

परिशिष्ट 6

CDC Growth Charts: United States

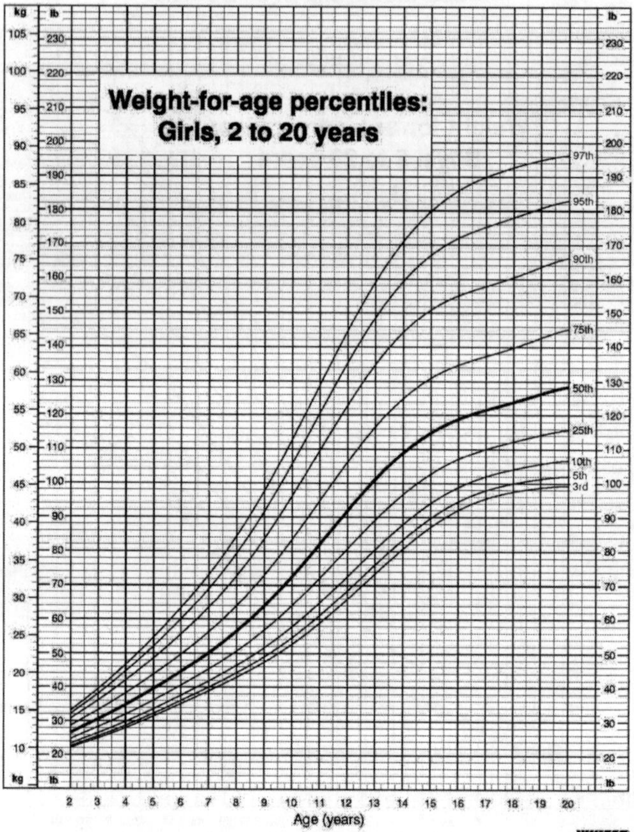

Published May 30, 2000.
SOURCE: Developed by the National Center for Health Statistics in collaboration with the National Center for Chronic Disease Prevention and Health Promotion (2000).

SAFER · HEALTHIER · PEOPLE™

परिशिष्ट 7

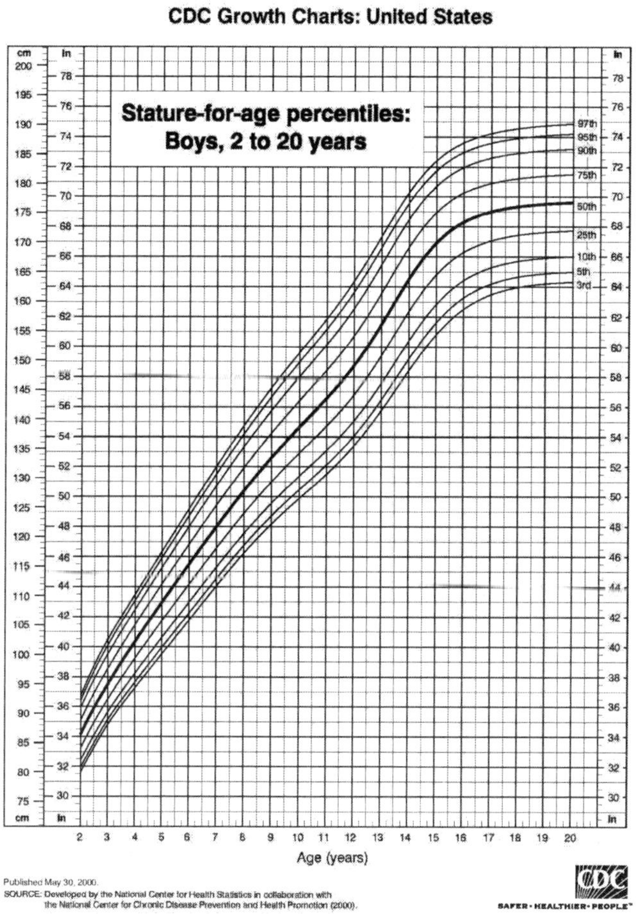

CDC Growth Charts: United States
Stature-for-age percentiles:
Boys, 2 to 20 years
97th
95th
90th
75th
50th
25th
10th
5th
3rd
cm
in
Age (years)
Published May 30, 2000.
SOURCE: Developed by the National Center for Health Statistics in collaboration with the National Center for Chronic Disease Prevention and Health Promotion (2000).
SAFER · HEALTHIER · PEOPLE

परिशिष्ट 8

CDC Growth Charts: United States

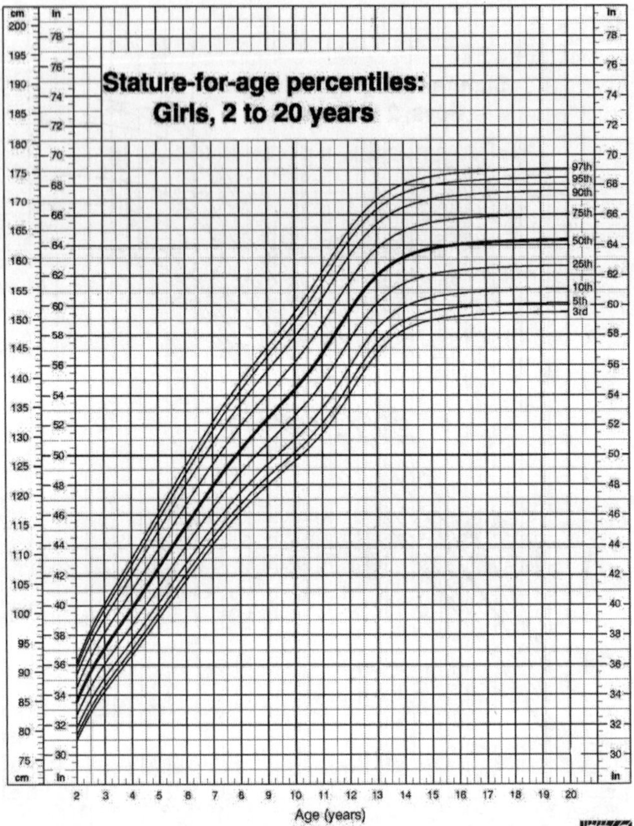

Published May 30, 2000.
SOURCE: Developed by the National Center for Health Statistics in collaboration with the National Center for Chronic Disease Prevention and Health Promotion (2000).

SAFER · HEALTHIER · PEOPLE™

परिशिष्ट 9

CDC Growth Charts: United States

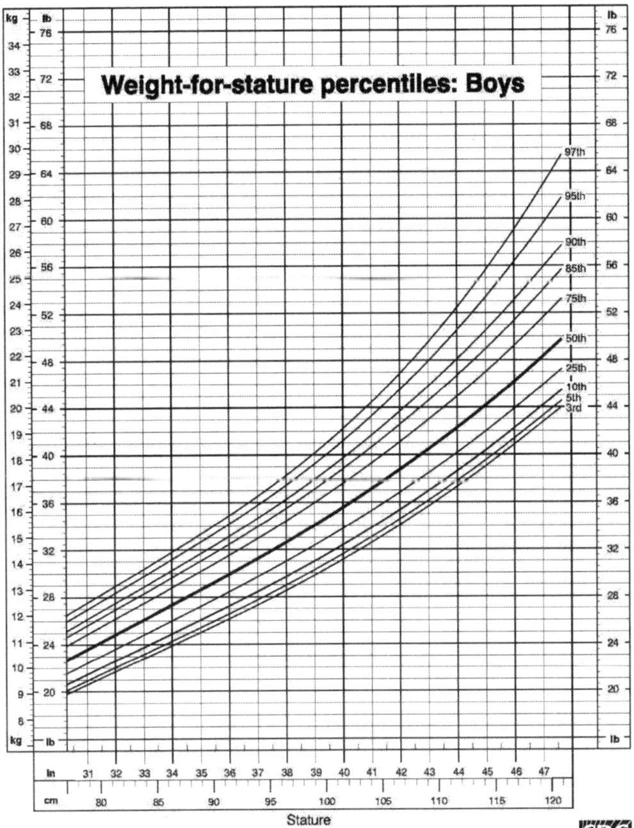

Published May 30, 2000 (modified 11/21/00).
SOURCE: Developed by the National Center for Health Statistics in collaboration with the National Center for Chronic Disease Prevention and Health Promotion (2000).

SAFER · HEALTHIER · PEOPLE™

परिशिष्ट 10

CDC Growth Charts: United States

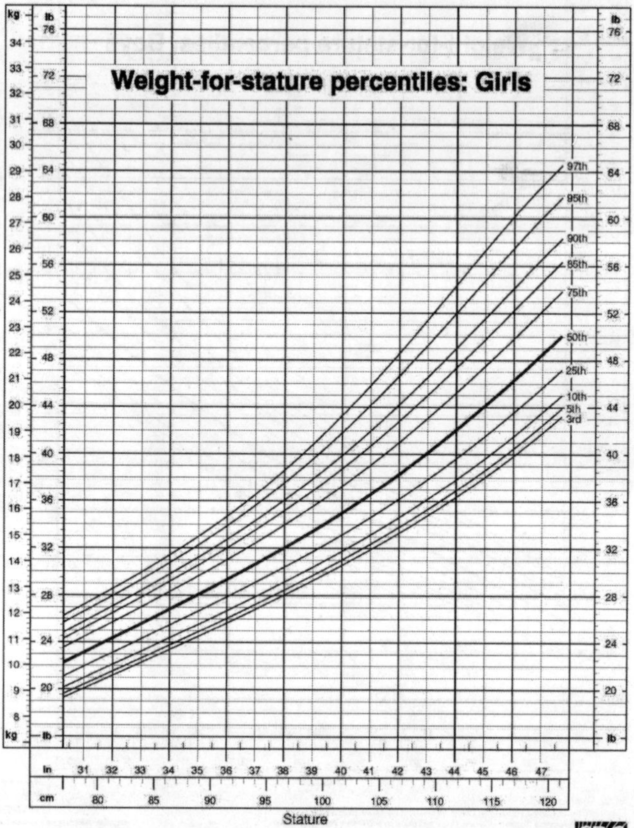

Published May 30, 2000 (modified 11/21/00).
SOURCE: Developed by the National Center for Health Statistics in collaboration with the National Center for Chronic Disease Prevention and Health Promotion (2000).

SAFER • HEALTHIER • PEOPLE™